中等职业学校会计专业规划教材

ZHONGDENG ZHIYE XUEXIAO KUAIJI ZHUANYE GUIHUA JIAOCAI

企业经营沙盘对战实训教程

主　审　吴帮用

主　编　刘蔚洋

副主编　廖小娟　李　敏　潘晓蕾

参　编　胡　颖　刘菡楠

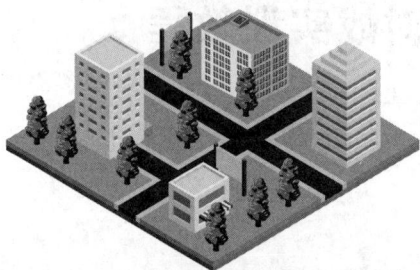

西南师范大学 出版社

国家一级出版社　全国百佳图书出版单位

图书在版编目(CIP)数据

企业经营沙盘对战实训教程 / 刘蔚洋主编. — 重庆:
西南师范大学出版社, 2019.10
ISBN 978-7-5621-9723-2

Ⅰ.①企… Ⅱ.①刘… Ⅲ.①企业管理 – 计算机管理
系统 – 职业教育 – 教材 Ⅳ.①F272.7

中国版本图书馆CIP数据核字(2019)第227687号

企业经营沙盘对战实训教程

主　编　刘蔚洋

责任编辑: 李　炎
责任校对: 曾　文
封面设计: 闽江文化
出版发行: 西南师范大学出版社
　　　　　　地址:重庆市北碚区天生路2号
　　　　　　邮编:400715
　　　　　　电话:023-68868624
印　　刷: 重庆市正前方彩色印刷有限公司
幅面尺寸: 185mm×260mm
印　　张: 8.5
字　　数: 212千字
版　　次: 2019年10月 第1版
印　　次: 2019年10月 第1次
书　　号: ISBN 978-7-5621-9723-2

定　　价: 25.00元

前言
PREFACE

创新是民族之魂,是时代主题;创业是发展之基,是富民之本。随着我国经济进入新常态,党中央、国务院适时做出了"大众创业、万众创新"的重大战略部署。习近平总书记强调:"创新是社会进步的灵魂,创业是推动经济社会发展、改善民生的重要途径。"实践证明,广泛开展大众创业、万众创新,是培育和催生经济社会发展新动力的必然选择,是扩大就业、实现富民之道的根本举措,是激发全社会创新潜能和创业活力的有效途径。

在当前创新、创业的趋势下,越来越多的青年投身于创新、创业的洪流中。然而,真正创业成功的人却较少,究其原因,除了社会大环境还欠成熟之外,从事创业的青年自身也缺乏必要的专业指导。因为创新、创业大有其客观发展规律,只有充分发挥青年的主观能动性并遵循创业的规律,才能增加成功的概率。

因此,让从事创新、创业的青年学会并掌握其中的关键技能,就成为职业院校创业教育亟待研究解决的现实问题。本着为创新、创业服务的思想,本编写团队结合多年积累的职业教育经验,推出《企业经营沙盘对战实训教程》。该教程涉及企业战略规划、市场预测、全面预算、财务运作、会计报表编制、采购管理、生产运营、营销策划等多学科知识和技能,有助于培养创新、创业学生灵活掌握和综合运用所学财务管理知识。学生通过短时间、高强度的竞争体验,培养和增强团队的合作意识,为今后创新、创业打下良好的理论和实践基础。

本教程在完成过程中得到了西南师范大学出版社的大力协助,在多位具有丰富职业教育经验老师的共同努力下,本教程得以顺利完成。本教程以"工学结合"的项目式教学方式展开课程内容,每个项目均为独立的工作任务,各个子任务环环相扣,按照由浅入深,由点到面的思路逐步导入课程内容,以通俗浅显的语言描述专业术语,易于初

PREFACE

学者理解和接受。本教程主编为重庆市轻工业学校刘蔚洋老师,负责编写项目一的任务一至任务三、项目三的任务一;潘晓蕾老师负责编写项目一的任务四、项目三的任务二;廖小娟老师负责编写项目二的任务一;李敏老师负责编写项目二的任务二。全书由重庆市轻工业学校吴帮用主审,胡颖、刘菡楠负责收集资料、整理书稿。

编者希望本书的出版有助于推进我国创新、创业活动,为培养更多的创新、创业人才尽绵薄之力。由于编者水平有限,以及本行业发展更新快,虽力求完美,但书中难免有不妥和错误之处,敬请读者批评指正。最后向所有在本教程编著出版过程中付出辛勤努力的各位同人表示由衷的感谢!

目录
CONTENTS

项目一 初识沙盘

　　沙盘模拟对战作为一种提升经营管理能力的重要培训形式,主要从财务角度出发,包含战略规划、市场营销、生产组织、采购管理、库存管理、财务管理等管理过程,创造激烈的市场竞争环境,让模拟经营者直面市场竞争的精彩与残酷,激发战胜竞争对手的信心和激情。

　　同学们,你们知道沙盘是什么吗? 沙盘推演方法从何而来? 企业经营沙盘对我们的学习有什么帮助? 接下来,让我们一起开始沙盘的神奇旅程吧。

任务一　读懂沙盘

任务目标

1.能掌握沙盘的含义。

2.能掌握沙盘的起源和发展。

3.能理解沙盘模拟的重要意义。

任务描述

　　小林和朋友们是一群准备成立公司自主创业的学生,但在公司经营管理方面毫无经验。沙盘模拟对提高实际经营决策和运营能力有很大帮助,他们利用互联网探索沙盘的相关知识,并整理搜集到的资料,将学习过程用思维导图展示。

任务准备

　　1.沙盘是根据地形图、航空像片或实地地形,按一定的比例关系,用泥沙、兵棋和其他材料堆制的模型。

　　2.“沙盘”源于军事,是采用各种模型来模拟战场的地形及武器装备的部署情况,结合战略与战术的变化来进行推演。沙盘是古代将帅指挥战争的用具,常常用于研究地形、敌情、作战方案,组织协调和实施训练。

　　3.沙盘模拟利用直观的沙盘教具,模拟了一个开放的市场环境,实战演练企业的经营管理与市场竞争,在企业3~6年的荣辱成败过程中提高战略管理能力,感悟经营决策真谛。每一年度经营结束后,模拟经营者对公司当年业绩进行盘点与总结,反思决策成败、解析战略得失、梳理管理思路,通过多次调整与改进练习,切实提高综合管理素质。

　　4.辅助实训工具:思维导图软件XMind。

![任务实施图标] **任务实施**

一、学习什么是沙盘

1.利用互联网搜索"什么是沙盘"，初步了解沙盘的含义。

2.在思维导图上绘制中心区域，如图1-1-1所示。

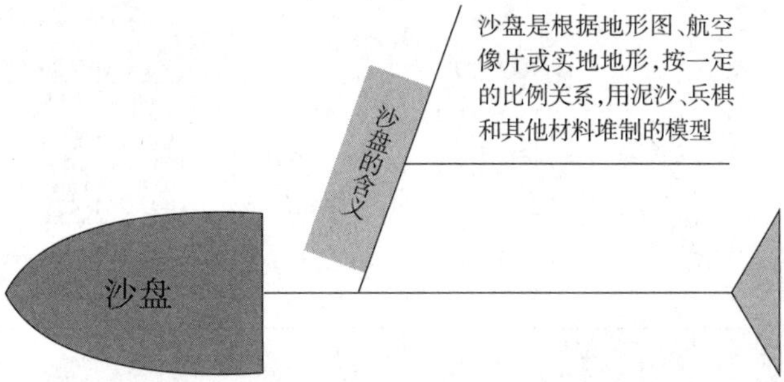

沙盘是根据地形图、航空像片或实地地形，按一定的比例关系，用泥沙、兵棋和其他材料堆制的模型

沙盘的含义

沙盘

图1-1-1　沙盘的含义

二、追溯沙盘的起源和发展

1.按时间线将从古代战争指挥、近代军事演练，到现代沙盘的应用整理相关资料。

2.在思维导图上标记时间节点，如图1-1-2所示。

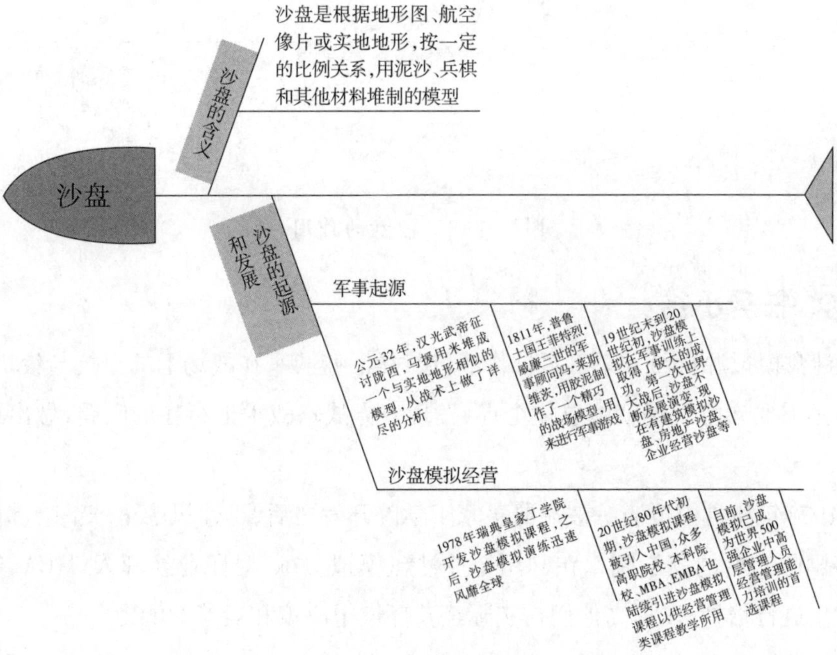

沙盘是根据地形图、航空像片或实地地形，按一定的比例关系，用泥沙、兵棋和其他材料堆制的模型

沙盘的含义

沙盘

沙盘的起源和发展

军事起源

公元32年，汉光武帝征讨陇西，马援用米堆成一个与实地地形相似的模型，从技术上做了详尽的分析

1811年，普鲁士国王菲特烈·威廉三世的军事顾问冯·莱斯维茨，用胶泥制作了一个精巧的战场模型，用来进行军事游戏

19世纪末到20世纪初，沙盘模拟在军事训练上取得了极大的成功。第一次世界大战后，沙盘不断发展演变，现在有建筑模型沙盘、房地产沙盘、企业经营沙盘等

沙盘模拟经营

1978年瑞典皇家工学院开发沙盘模拟课程，之后，沙盘模拟演练迅速风靡全球

20世纪80年代初期，沙盘模拟课程被引入中国，众多高职院校、本科院校、MBA、EMBA也陆续引进供经营管理类课程教学所用

目前，沙盘模拟已成为世界500强企业中高层管理人员经营管理能力培训的首选课程

图1-1-2　沙盘的起源和发展

三、探寻沙盘模拟对于经营管理学习的作用

1.探索沙盘模拟课程风靡全球的原因。

2.通过学习得出结论:沙盘模拟对提高经营者综合管理能力有较好的实践效果,这是学习沙盘的意义所在,如图1-1-3所示。

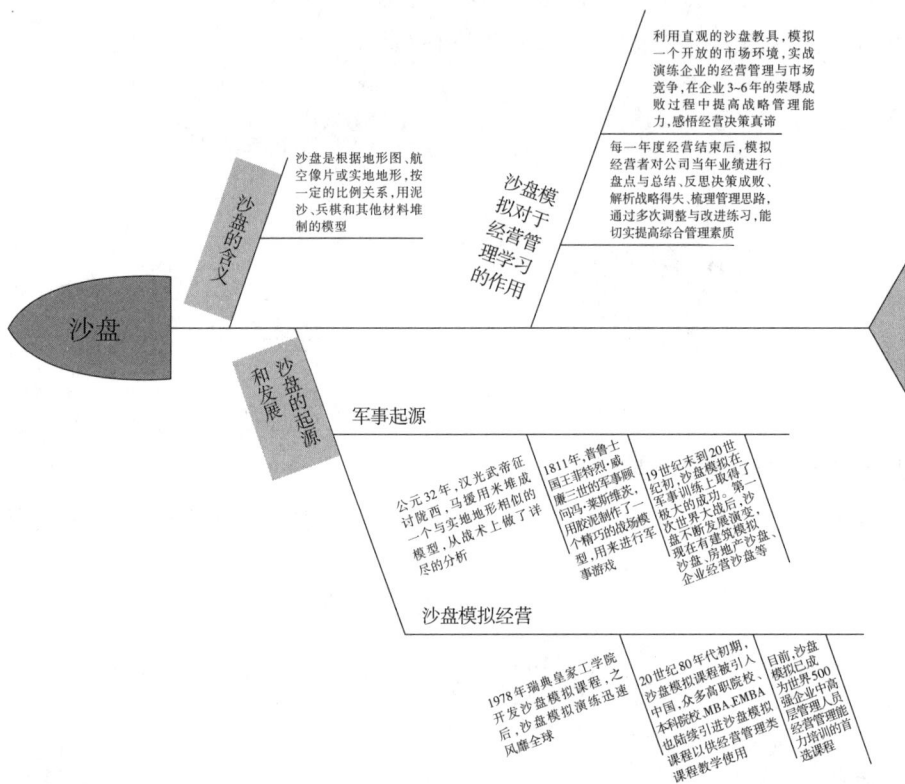

图1-1-3 沙盘的作用

任务小结

1.沙盘模拟源自西方军事对抗作战,通过红、蓝两军在战场上的对抗与较量,作战指挥员不需要亲临现场就能总揽全局,发现双方战略战术上存在的问题,做出最优的决策。

2.1978年沙盘模拟演练被瑞典皇家工学院开发之后,迅速风靡全球。哈佛商学院等许多国际知名的商学院都在利用企业沙盘模拟演练,对职业经理人、MBA、经济管理类学生进行培训,以提高他们在实际经营环境中决策和运营的能力。

3.20世纪80年代初期,沙盘模拟经营课程被引入中国,众多高职院校、本科院校、

MBA、EMBA也陆续引进沙盘模拟经营课程以供经营管理类课程教学使用。目前,沙盘模拟已风靡全球,成为世界500强企业中高层管理人员经营管理能力培训的首选课程。

任务拓展

沙盘从何而来?

沙盘在我国已有悠久的历史。据《后汉书·马援列传》记载,公元32年,汉光武帝征讨陇西的隗嚣,召名将马援商讨进军战略。马援对陇西一带的地理情况很熟悉,就用米堆成一个与实际地形相似的模型,从战术上做了详尽的分析。光武帝刘秀看后,高兴地说:"敌人尽在我的眼中了。"

1811年,普鲁士国王菲特烈·威廉三世的军事顾问冯·莱斯维茨,用胶泥制作了一个精巧的战场模型,用颜色把道路、河流、村庄和树林表示出来,用小瓷块代表军队和武器,陈列在波茨坦皇宫里,用来进行军事游戏。后来,莱斯维茨的儿子利用沙盘、地图表示地形地貌,以算时器表示军队和武器的配置情况,按照实战方式进行策略谋划。这种"战争博弈"就是现代沙盘模拟。

19世纪末到20世纪初,沙盘模拟在军事训练上取得了极大的成功。第一次世界大战后,沙盘不断发展演变,现在有建筑模拟沙盘、工业地形沙盘、房地产沙盘、企业经营沙盘等。沙盘从诞生至今经历了数千年的历史,如今在各个领域焕发出新的生命力。

任务二　成立公司

任务目标

1. 能合理分组创建模拟企业。
2. 能为企业命名并确立组织愿景和经营目标。
3. 能正确认识沙盘盘面及工具。

任务描述

　　小林和朋友们通过分组的形式成立了两个不同的模拟公司,注册了公司名称,并提出了合理的组织愿景和经营目标。为了加强管理、提高效率,认识沙盘盘面和工具是他们的首要任务。

任务准备

1. 即将成立的公司类型是工业企业。
2. 工业企业是最早出现的企业形式,指的是依法成立的,从事工业商品生产经营活动,经济上实行独立核算、自负盈亏,法律上具有法人资格的经济组织。
3. 工业企业与商业企业最大的区别是工业企业具备生产环节。
4. 实训角色:小林和朋友们,共10～12人。
5. 实训环境:手工沙盘两套。

任务实施

1. 组建以一位成员为核心的经营小组共两组,每组5～6人。组建的各经营小组代表新成立的模拟公司。
2. 总经理组织公司成员讨论确立公司的名称、组织愿景,以及未来1～6年公司的经营总体目标,并提交给任课老师,通过审核后表示公司注册成功。

3.注册成功的公司得到一张手工沙盘盘面图,如图1-2-1所示。

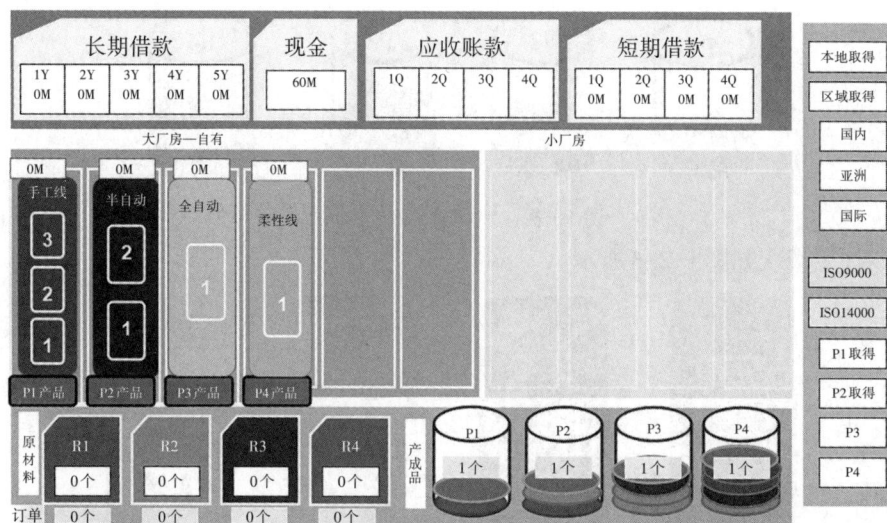

图1-2-1 沙盘盘面图

盘面包括企业的财务中心、营销中心、研发中心、生产中心以及采购中心几大区域,集中展示公司几大职能部门的运营状况。

4.认识将会使用到的各类摆盘材料。桶:用来盛放各种材料币;灰色币:现金, 1个灰币表示1M;如图1-2-2所示。

图1-2-2 现金

红色币:原材料R1;橙色币:原材料R2;蓝色币:原材料R3;绿色币:原材料R4。 如图1-2-3所示。

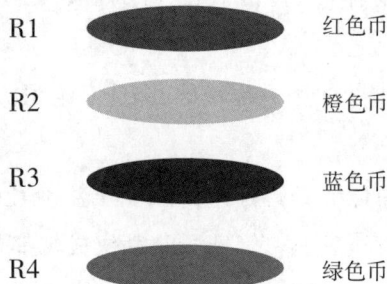

图1-2-3 原材料

在产品/产成品用 P1、P2、P3、P4 表示，如图 1-2-4 所示。

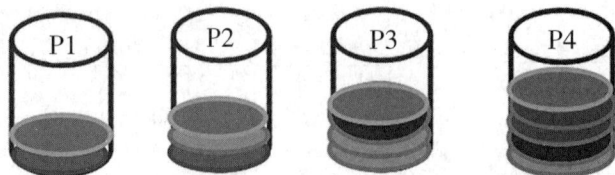

图 1-2-4　在产品和产成品

四种生产线如图 1-2-5 所示。

图 1-2-5　生产线

另外，Y：表示"年"；Q：表示"季度"；M：表示"钱"（万元），即 1M 表示 1 万元。

5. 作为经营者必须了解公司的基本情况：新成立的公司均是本地制造型企业，在开放的市场环境中进行生产经营活动。目前两家公司均拥有 60M（即 60 万元）起步资金，未购买厂房、生产线等固定资产。

任务小结

1. 几家新成立的模拟公司处于同一个竞争行业中。

2. 沙盘的盘面包括财务中心、营销中心、研发中心、生产中心以及采购中心几大区域。

3. 总经理在经营管理中的作用举足轻重，应选举组织协调能力强、在团队中具有一定威信的成员担任。

4. 每个企业都有一个总体的经营目标和管理理念，企业管理层作为一个团队应保持与企业核心目标一致的经营思路，管理层的每位成员都要严格按照一致的思路做出经营决策，从而保证企业的经营方向不发生偏移。

任务拓展

重视战略思维

　　成功的企业一定有着正确的组织愿景,制订科学的经营目标,在此基础上采取明确的企业战略,包括产品战略、市场战略、竞争战略及资金运用战略等。学会用战略的眼光看待企业的业务和经营,保证业务与战略的一致性,在未来的工作中更多地获取战略性成功而非机会性成功。

任务三 组建经营团队

任务目标

1. 能根据成员特点合理分工。
2. 能正确进行职能划分。

任务描述

公司成立以后,组建经营团队成为当务之急。每位成员应当各司其职,并进行很好的配合。每位成员都必须明白这是一个团队,团队合作的好坏往往决定着企业经营的成败。

任务准备

1. 总经理组织并带领小组成员进行人员分工,明确职责划分。
2. 在经营过程中,小组成员可互换身份,学会从其他成员的角度思考问题,即换位思考。
3. 角色说明:小林和朋友们,共两个经营团队。
4. 实训环境:手工沙盘两套。

任务实施

一、团队讨论并分工

总经理组织团队成员讨论,并根据每位成员特点进行人员分工。其余成员分别担任:财务主管、营销主管、生产主管、采购主管、研发主管,由此形成了整个公司的管理团队。

二、明确职能

明确每位管理人员的职能,避免在之后的经营中出现职能交叉的情况。

1.总经理主要负责制订企业总体发展战略,以及团队协同管理与职责授权、总体财务预算及审核财务状况、企业绩效总结与分析。

总经理不直接负责具体任务的实施,而是对整个手工沙盘经营的运营规划、部门协调与监督指挥负责,即进行决策。

2.财务主管主要负责筹集和管理资金、日常财务记账、支付费用、控制成本、按时报送财务报表、财务分析与决策以及融资策略的制订。

财务主管负责财务中心的手工操作任务,如图1-3-1所示。

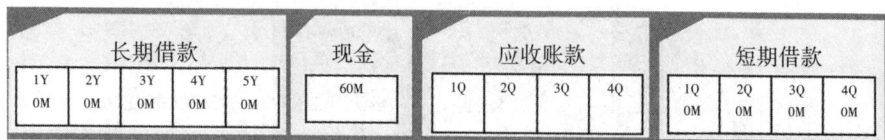

长期借款					现金	应收账款				短期借款			
1Y 0M	2Y 0M	3Y 0M	4Y 0M	5Y 0M	60M	1Q	2Q	3Q	4Q	1Q 0M	2Q 0M	3Q 0M	4Q 0M

图1-3-1　财务中心

3.营销主管主要负责稳定企业现有市场并开拓新市场、预测市场、制订销售计划、合理投放广告、根据企业生产能力取得匹配的客户订单、沟通生产部门按时交货、监督货款的回收、分析销售绩效。

营销主管负责销售中心的手工操作任务,如图1-3-2所示。

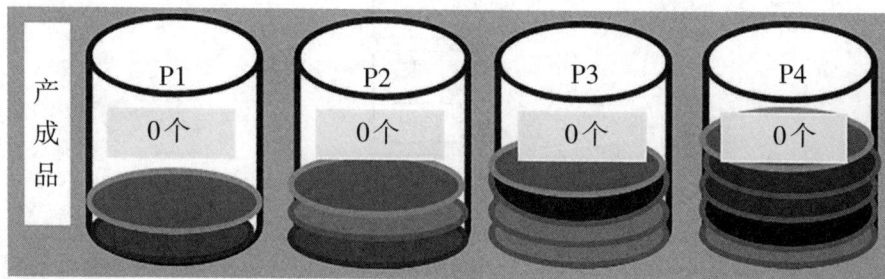

图1-3-2　销售中心

4.生产主管主要负责制订生产计划、落实生产计划、监控生产过程、维持生产成本、平衡生产能力、及时交货、管理生产车间的现场以及扩充改进生产设备。

生产主管负责整个生产中心的手工操作任务,如图1-3-3所示。

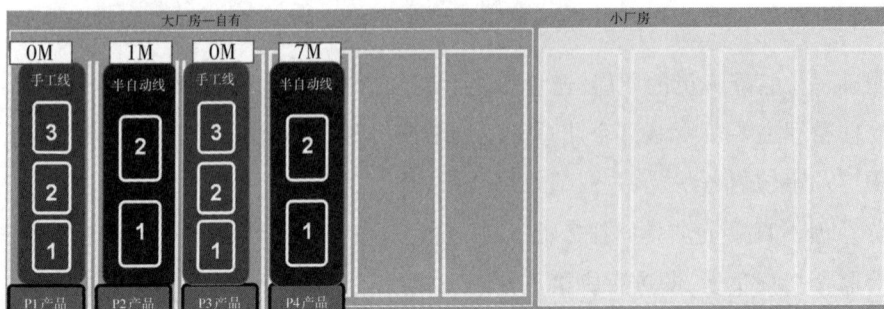

图1-3-3　生产中心

5.采购主管主要负责制订采购计划、签订采购合同、到货验收、支付材料款。

采购主管负责采购中心的手工操作任务,如图1-3-4所示。

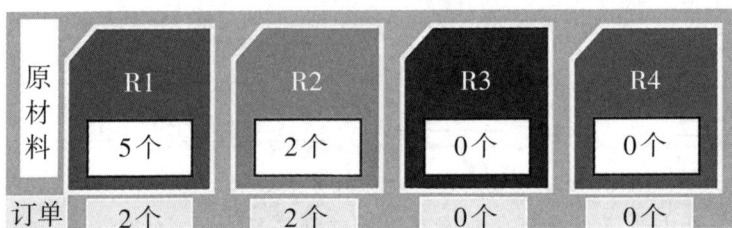

图1-3-4　采购中心

6.研发主管主要负责产品研发决策及管理、管理体系认证、技术开发决策及管理。

研发主管负责研发中心的手工操作任务,如图1-3-5所示。

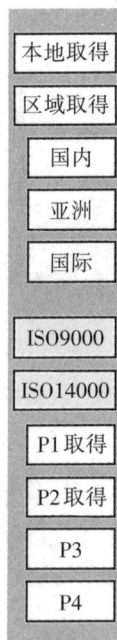

图1-3-5　研发中心

任务小结

1.团队讨论并进行人员分工,共同组成模拟公司的管理团队。

2.各部门管理者在操作各自负责盘面区域时,团队的其他成员也应与其进行沟通、配合并监督其实施。

3.在几年的经营过程中,可以进行角色互换,体验换位思考。

任务拓展

打开角色思路

总经理作为企业的经营者,对企业整体运营、市场选择、年度发展投入等关系企业命运的事项进行决策,将切身体会到自己的每个决策给企业所带来的影响。

在整个经营过程中,财务主管必须关注企业的现金流情况,做出每年的广告预算,分析开发成本、产品生产成本及贷款金额等,这些资金流动随时关系到企业的存亡。

准确的市场定位、销售订单的获得,关系到企业的盈利状况,营销主管的职责就是最大限度地获取利润。如何将企业的库存商品以最适当的价格出售成为营销主管必须考虑的问题。

产品是工业企业运营的核心,生产主管必须准确计算生产线的产能:根据当时的需求状况决定是否需要改革生产线;根据库存商品的多少,找到最合适的时期将产品投入生产;根据生产不同产品所需原材料的不同,进行生产数据的管理,编制生产计划、物料需求计划等。

采购主管对企业原材料购进体系进行控制,配合生产部门开展原材料采购活动。计算采购数量、成本、周期等,以最低的成本达到效益最大化是采购主管的工作。

研发主管在企业运营中根据总经理确定的战略方针和市场定位,进行产品研发,同时必须计算研发期限和研发经费,及时完成产品研发,提供市场所需。

任务四　梳理经营任务

任务目标

1. 会识读沙盘年度经营任务表。
2. 能通过任务表明确企业年度经营需完成的各种任务。
3. 能正确编制和分析主要财务报表。

任务描述

小林和朋友们在组建完经营团队,并且大致了解了沙盘盘面之后,对于玩转沙盘已经跃跃欲试了。但是正准备动手操作时,整个团队却发现无从下手。究其原因,是小林及其团队并不知道企业的经营流程。为了解其困境,我们先让他们认识伴随沙盘经营每一年的年度经营任务表吧。

任务准备

认识学员沙盘年度经营任务表,掌握其构成部分,梳理企业经营流程,并初步明确各部分对应的相关操作。

1. 认识年初任务。
2. 认识季度任务。
3. 认识年末任务。

任务实施

年度经营任务表中根据企业经营流程设置了年初、季度、年末三大项任务,三项任务下又分为若干个小任务。每完成一个任务需要在任务表中填列,并在物理沙盘上同步完成摆盘。

企业运营流程如表1-4-1所示：

表1-4-1　年度经营任务表

初始所有者权益		第一季	第二季	第三季	第四季
年度规划(年初现金)					
贴现	1Q				
	2Q				
	3Q				
	4Q				
贴息					
信息费					
广告费					
应交税金					
长期贷款利息					
偿还长期贷款					
申请长期贷款					
季初现金					
偿还短期贷款					
支付利息					
申请短期贷款					
原材料入库					
购买厂房					
新建/在建生产线					
生产线转产					
生产线变卖					
紧急采购					
下一批生产					
更新应收款					
按订单交货(零账期)					
产品研发					

续表

初始所有者权益	第一季	第二季	第三季	第四季
厂房处理(包括租用)				
出售库存				
新市场开拓				
ISO资格认证				
计提折旧				
设备维护费用				
支付行政管理费				
季末现金				

一、认识年初任务

年初任务分为下列10个小任务,如表1-4-2所示。

表1-4-2　年初任务

1.初始所有者权益		第一季	第二季	第三季	第四季
2.年度规划(年初现金)					
3.贴现	1Q				
	2Q				
	3Q				
	4Q				
4.贴息					
5.信息费					
6.广告费					
7.应交税金					
8.长期贷款利息					
9.偿还长期贷款					
10.申请长期贷款					

1和2.初始所有者权益、年度规划:按照上一年度的报表填列。

3.贴现:当运营中现金不够用时,企业还可以将应收账款进行贴现。但是俗话说"天下没有免费的午餐",贴现可是要付出费用的。

4.贴息:企业贴现时会支付的费用。

5.信息费:取得信息所需要付出的费用。

6.广告费:按各组自己投入的广告费填制。各企业广告费的投放竞争,决定着能够"抢到"的订单的质量。一般来说企业广告费投入越高,那么"抢到"的订单也就越好。当然同时也要注意自己企业资金情况,量力而行,不然企业后续经营将难以为继。

7.应交税金:按上年度计算的企业所得税填制(参照上年末利润表的金额),作为一个优秀的企业一定要记得及时缴纳税款。记住,纳税光荣,逃税违法。

8.长期贷款利息:按利率计算支付当年的利息。

9.偿还长期贷款:对于到期该偿还的长期贷款,应该在年初按时归还,企业应该时刻关注长期贷款,在该归还的上一年度留出足够的现金。

10.申请长期贷款:如企业资金困难还可再借长期贷款,还需注意长、短期贷款总额度不能超过上一年所有者权益合计的3倍。

二、认识季度任务

任务中设置了4个季度,分别为Q1、Q2、Q3、Q4。4个季度都要完成下面的16个小任务,如表1-4-3所示。

表1-4-3　季度任务

任务	第一季	第二季	第三季	第四季
1.季初现金				
2.偿还短期贷款				
3.支付利息				
4.申请短期贷款				
5.原材料入库				
6.购买厂房				
7.新建/在建生产线				
8.生产线转产				
9.生产线变卖				
10.紧急采购				
11.下一批生产				
12.更新应收款				
13.按订单交货(零账期)				

续表

任务	第一季	第二季	第三季	第四季
14.产品研发				
15.厂房处理(包括租用)				
16.出售库存				

1. 季初现金:每个季度的第一个任务就是盘点企业的现金,注意一定要数清楚金额(不错不漏),良好的开端是成功的一半。

2 和 3. 偿还短期贷款、支付利息:将以前借贷的短期贷款更新——也就意味着把现金还给银行的日子越来越近了。团队需要准备好归还贷款的本金和利息。

4. 申请短期贷款:企业在运营中发现钱不够用了怎么办呢? 不要怕,每年都拥有4次借贷短期贷款的机会,分别在每季度初,最长可以贷款1年,大家要合理把握机会。

5. 原材料入库:就是企业需要的原材料从订单(在途)到入库的过程。

6. 购买厂房:如果企业订单越来越多,生意蒸蒸日上,当现有厂房中所有的生产线全部开工都不能满足订单需求,且生产线已建满时,就应该考虑或者提前考虑购置厂房扩大生产。厂房有大小之分,可以直接购买,也可以按年租赁。

7. 新建/在建生产线:当厂房的生产线未建满,且现有生产线全面开工不能满足订单需求时,就需要投资建设新的生产线来满足生产需要。购买的生产线并不是立刻就能开始生产,还需要有一个安装周期,待安装完成,领取产品标识后,方可开始生产。一般来说越高级的生产线,价格就越贵,安装周期也越长。

8. 生产线转产:并不是所有建好的生产线都能生产每一种产品。当企业运营到后期,根据订单来看,会发现市场需求更偏重于高端产品。要生产高端产品,除了可以专门新建生产线外,还可以将建好的生产线进行转产——也就是将此生产线进行改造,用于生产其他产品。当然转产也需要支付费用以及花费安装周期。

9. 生产线变卖:当企业遇到资金困难的情况时,也可以通过变卖生产线来将固定资产转化为现金,帮企业渡过难关。但是如果生产线上有正在生产的产品,那么该生产线不能出售。

10. 紧急采购:当进行产品生产时突然发现原材料不够用,且按程序下订单时间来不及时,可以进行紧急采购,但是按此方法购买的原材料价格要高于一般采购的材料价格。

11. 下一批生产:将在产品移动到下一个工序并投入相应的费用,在空生产线上开始生产需要的产品。空的生产线需不需要投入运行进行产品生产,取决于企业的运营决策,并不是建好的生产线都必须进行生产。

12.更新应收款:更新应收款项账期,应收款项就快要变成现金收入了。这仿佛在对企业说,您有一份"巨额"现金即将到账,请注意查收。

13.按订单交货:激动人心的交货时间到了,忙碌了这么久就是为了要按时足量地交出销售订单要求的产品,收回货款,增加企业的收入。激动之余也要注意,订单不要提前交货,也不要延后交货,否则会有罚款。

14.产品研发:随着运营时间的推进和市场发展的趋势,销售订单中产品也开始由便宜、简单的产品走向成本更高、工序更为复杂的产品。为了谋求企业更好地发展,一定要率先研发这些产品并取得生产许可证,抢占先机。

15.厂房处理(包括租用):当资金不足以维持企业的经营时,企业还可以通过出售厂房获取现金,并租用厂房继续进行生产。

16.出售库存:企业没有钱又急需现金的又一种变现方式。

三、认识年末任务

年末任务设置了以下6个任务,如表1-4-4所示。

表1-4-4 年末任务

任务	第一季	第二季	第三季	第四季
1.新市场开拓				
2.ISO资格认证				
3.计提折旧				
4.设备维护费用				
5.支付行政管理费				
6.季末现金				

1和2.新市场开拓投资、ISO资格认证:除本地市场外,其他市场均需投资开发,以获得对应的市场准入证,才能参加相应市场的订货会。ISO资格认证也是需要先投资,再取得认证资格,这个认证十分必要,因为随着运营年度的增加,订单中的产品几乎都需要ISO资格认证。

3.计提折旧:采用的是平均年限法计提折旧,每一条生产线单独计提折旧。当年新建成的生产线不计提折旧,已经折旧完的设备仍旧可以使用。

4.设备维护费用:但凡生产线安装完成,不管是不是进行了生产,都要在当年缴纳维护费。

5.支付行政管理费用:将企业的各种管理费用按照规则加总填列。

6.季末现金:查看任务表最后算出的现金值与物理盘面上的现金数是否一致。

每年年末形成当年的财务报表,反映企业年末财务状况及经营成果。认识综合费用表、利润表和资产负债表,如表1-4-5、表1-4-6和表1-4-7所示。

表1-4-5　综合费用表

单位:M

项目	金额
管理费	4
广告费	8
维护费	5
损失	0
转产费	0
厂房租金	5
市场开拓费	3
ISO认证费	0
产品研发费	1
信息费	0
合计	26

综合费用表反映企业当年产生的各项管理费用:包括市场开拓费、广告费、行政管理费、产品研发费、生产线改造费、设备维护费、厂房租金、ISO认证费、延期交货的罚金等。

表1-4-6　利润表

单位:M

项目	金额
一、销售收入	36
减:直接成本	17
二、毛利润	19
减:综合费用	20
三、折旧前利润	-1
折旧费	5
四、息前利润	-6
财务费用	1
五、税前利润	-7
所得税费用	0
六、净利润	-7

利润表反映企业的经营成果,即当年实现的利润或亏损。其中,"财务费用"栏目包含贷款利息、贴现等产生的费用;"所得税费用"栏目为企业盈利时应向国家缴纳的企业所得税,按当年税前利润的25%计算,下一年初缴纳。

表1-4-7 资产负债表

单位:M

项目	上年数	本年数	项目	上年数	本年数
现金	107	27	长期负债	180	180
应收款	0	98	短期负债	0	0
在产品	0	22	应交税金	0	2
产成品	0	0	—	—	—
原材料	0	0	—	—	—
流动资产合计	107	147	负债合计	180	182
厂房	0	0	股东资本	60	60
生产线	0	100	利润留存	0	-33
在建工程	100	0	年度净利	-33	38
非流动资产合计	100	100	所有者权益合计	27	65
资产总计	207	247	负债和所有者权益总计	207	247

资产负债表反映企业的财务状况,即每年末的资产、负债和所有者权益情况。其中,高利贷属于短期负债;"应交税金"栏目的金额来源于利润表中当年的所得税费用;"利润留存"栏目的金额为企业历年利润的累计额;"年度净利"栏目的金额也来源于利润表中当年实现的净利润;资产负债表的资产总计=负债合计+所有者权益合计。

任务小结

沙盘年度经营任务表主要分为三大任务,按照企业运营流程的时间顺序分别为年初任务、季度任务、年末任务。通过认识年度、经营任务表,小林及其团队梳理了企业经营任务流程,为接下来的实践操作打下了基础。

任务拓展

1.根据沙盘年度经营任务表,分别找出年初、季度、年末任务中最核心、最重要的关键任务,并说明为什么。

2.沙盘年度经营任务表的呈现形式不是固定的,那么大家可以研究下列年度经营任务表,分析与我们介绍的有哪些异同。

表1-4-8　年度经营任务表

年初任务				
1.支付应付税金(根据上年度结果)				
2.参加订货会,支付广告费				
3.登记销售订单				
季度任务	第一季	第二季	第三季	第四季
1.现金盘点(余额)				
2.更新短期贷款/还本付息				
3.申请短期贷款				
4.更新原料订单/原材料入库				
5.下原材料订单				
6.更新生产/完工入库				
7.购置厂房(选择类型,选择购买或租赁)				
8.投资新生产线/在建生产线				
9.生产线转产				
10.变卖生产线				
11.开始下一批生产				
12.更新应收款/应收款收现				
13.按订单交货				
14.产品研发投资				
15.支付行政管理费用				
随时进行:紧急采购/出售库存/贴现				
年末任务				
1.更新长期贷款/支付利息/申请长期贷款				
2.支付设备维护费				
3.计提折旧				
4.新市场开拓投资/ISO资格认证投资				
5.现金对账				

项目二 解读规则

　　俗话说，无规矩不成方圆，而沙盘规则在沙盘运营中的作用也不可忽视，所有的运营必须在规则下进行。

　　小林和他的朋友们在项目一已经了解了沙盘的来历，但是却不知道沙盘的具体运营规则有哪些，接下来，我们一起来帮助他学习运营规则吧。

任务一　解读基本规则

任务目标

1.了解沙盘运营规则的重要性。

2.掌握沙盘运营的基本规则。

任务描述

小林和他的朋友们组成的经营小组,将要运营一家企业,在遇到市场开拓、产品研发、品牌建设等一系列问题的时候,他和朋友们需要怎么做?

任务准备

1.沙盘的运营规则包括广告投入、订单争取、订单交货、融资贷款、市场开拓、产品研发、ISO认证、产品加工、原料采购、生产线的安装与改造及厂房购买与租用等。在这一系列的规则中,融合了真实企业运营的流程,实现了理论实践相结合。

2.按照项目一成立的小组,每个小组准备一张沙盘的实物盘面,并把实物沙盘按照要求摆放。

任务实施

一、投入广告费

1.了解沙盘中广告费投入的作用

投入广告费主要有两个作用:一是获得争取订单的机会,二是判断选单顺序。

2.识记沙盘广告费投入规则

(1)投入1M产品的广告费,可以获得一次争取订单的机会(如果不投入广告费就不会有选单的机会),一次机会只允许拿到一张订单。

(2)要获得更多的拿单机会,每增加一次机会就需要多投入2M产品广告费,比如:5M产品广告费表示有三次拿到订单的机会,最多可以获得3张订单。

3.填写广告费用表

按市场、产品将广告费直接填入表2-1-1中,要求进入某个市场时,至少要投放1M广告费。

表2-1-1　广告费用表

年度	市场类型	P1	P2	P3	P4	合计
第1年	本地市场					
	区域市场					
	国内市场					
	亚洲市场					
	国际市场					

4.检查广告费填写合适度

一般广告费投入以奇数为主,如果投入4M就会浪费1M的广告费。

二、争取订单

1.通过查找沙盘规则,解读订单争取规则

(1)依照本地市场、区域市场、国内市场、亚洲市场和国际市场的顺序依次公开选单,在每个市场中依照P1、P2、P3、P4的顺序,排名在前的,先选订单,每次一张,可弃权,当某一轮放弃后,视为退出本轮,但可以参加下一轮选单;

(2)对于已经结束选单的市场或产品,同一年份中,不允许再次进行选单;

(3)限时选择订单,超时则自动弃权;

(4)订单一经选定,不能重新选择;

(5)每一轮选完,如果有剩余订单,再按照排名来选。

2.识记广告投入顺序

(1)广告投入原则:第一年,新产品和新进入的市场选单顺序按照某种产品的广告费总量多少来确定。选择了订单后,订单如果没有按时交货,将影响下一年排名。

(2)销售额第一原则:某个公司的某个产品上一年销售额在该市场总和排名第一,且本年度该产品广告投入大于1M,可以第一个选择订单;然后再按照广告投入排名顺序选订单。当年没有广告投入就没有排名(即使上一年排名第一)。

（3）投入最大原则：如果同一个市场、同一种产品投入的广告费用相同，则按照投入本市场的广告费用总额（包括ISO认证的广告）排序选单。

3.判断哪个公司能优先选单

（1）根据表2-1-2第一年广告投入表判断两个公司哪个取得优先选单权利，并且获得多少钱的订单。

表2-1-2　第一年广告费投入表

单位：M

年度	公司	P1	P2	P3	P4	合计
第1年	甲公司	3(35)				
	乙公司	1(25)				

由表2-1-2看出：第一年，甲公司市场投入大于乙公司，从而得到优先选择订单的权利，甲公司和乙公司分别获得了35M和25M的订单。

（2）根据表2-1-3第二年广告投入表判断两个公司哪个取得优先选单权利，并且获得多少钱的订单。

表2-1-3　第二年广告费投入表

单位：M

年度	公司	P1	P2	P3	P4	合计
第2年	甲公司	1(16)	1(10)	1(8)		
	乙公司	3(10+10)	3(15)	2(8)		

由表2-1-3看出：第二年，乙公司在P1上虽然市场投入额大于甲公司，但是由于第一年获得的订单少于甲公司，所以甲公司获得优先选单的权利。同时，由于甲公司只投入了1M，因此只能选择一张订单，而乙公司投入3M，可以选择两张订单，订单分配比例为16M和10M+10M。考虑到第一年P2和P3都没有销售，因此判断方式同第一年的P1。

（3）根据表2-1-4第三年广告费投入表判断两个公司哪个取得优先选单权利。

表2-1-4第三年广告费投入表

单位：M

年度	公司	P1	P2	P3	P4	合计
第3年	甲公司		3	1		
	乙公司		3	1		

由表2-1-4看出：第三年，甲公司和乙公司在P2上的市场投入额相同，但是由于

第二年,乙公司获得的订单数多于甲公司,乙公司得到了优先选择权。两个公司对P3的投入相同,由于上年P3销售额也相同,此时,双方只能通过竞价来决定订单的归属。

三、交货

1.熟记交货时间

订单交货时间如表2-1-5所示。

表2-1-5　订单交货时间表

订单类型	交货时间
普通订单	本年度任何法定的交货时间(四个季度中规定的交货时间)
加急订单	本年度第一个法定交货日(第一季度中规定的交货时间)

2.解读订单交货规则

(1)普通订单按订单上的产品数量和交货期整单交货,不提前交货。

(2)加急订单需要在一个季度后交货。

(3)如果无法准时交货,每过一个季度,罚款金额按订单销售总额的20%收取,在最后交货时从货款中扣除;交货后,按订单的账期放入应收账款对应的账期,同时取消本年度销售额排名第一的资格。

(4)当订单有多余或者缺少的情况下,组和组之间不可以进行订单交易,交易价格自行协商;当有剩余或者紧缺的产品时,组和组之间也不可以进行产品买卖,交易价格自行协商。

四、贷款融资

1.了解贷款融资方式

通过把几种贷款方式列表,对比表格中几种贷款融资方式有什么异同,如表2-1-6所示。

表2-1-6　贷款表

贷款类型	贷款时间	最长贷款期限	贷款额度	年贷款利率	还款方式
长期贷款	每年年末	5年	所有者权益合计的3倍	10%	年底付息,到期还本
短期贷款	每季度初	1年	所有者权益合计的3倍	5%	到期一次性还本付息
高利贷	随时	1年	与银行商定	20%	到期一次性还本付息
贴现	随时	—	应收账款	1/7	变现时贴息

2.解读具体贷款融资规则

(1)企业之间不允许私自融资,在经营期间,只允许向银行贷款。

(2)长、短期贷款总额度为上一年所有者权益合计的3倍;短期贷款的贷款年利率为5%,长期贷款的贷款年利率为10%。

(3)长期贷款只有每年年末一次机会,最长可以贷款5年;短期贷款每年有4次贷款机会,分别在每季度初,最长可以贷款1年。

(4)长期贷款每年支付利息,到期还本,当年新申请的长期贷款当年不支付利息,从下一年开始支付利息,当年偿还的长期贷款当年仍要支付利息;短期贷款到期时还本并支付利息;经营结束年不要求归还没有到期的长、短期贷款。

(5)高利贷最长期限是1年(和短期贷款一样),贷款年利率为20%,贷款额度与银行商定;可以随时申请,即在运行过程的任何时间都可以申请高利贷,但高利贷计算利息的时间为运营当季的短期贷款申请时间,并且随着短期贷款的更新时间更新;高利贷必须按照短期贷款归还时间进行还本付息,经营结束年要求归还所有高利贷,除最后一年的高利贷,所有类型的贷款不允许提前还款。

(6)贴现:如果出现缺少现金的情况,就需要将应收账款变现,此时,必须按照6:1的比例提取贴现费用,即从任意账期的应收账款中取7M或7的整数倍数,6M变为现金,1M支付贴现费用(只能贴7的倍数),只要存在应收账款,就可以随时进行贴现,下一年支付的广告费也可以使用贴现。

3.计算其他费用

(1)综合费用:行政管理费(每个季度1M)、市场开拓费、产品研发费、ISO认证费、广告费、生产线转产费、设备维护费、厂房租金等计入综合费用。

(2)税金:每年企业所得税计入应交税金,在下一年初缴纳。企业所得税税率为25%,税金取整计算,不足1M时按1M取整,如计算的企业所得税为0.55M,就按照1M缴纳企业所得税;超过1M时向下取整,例如计算出来的企业所得税为3.41M,就按照3M缴纳企业所得税。当企业亏损时,不缴纳企业所得税;当企业盈利时,按当年税前利润的25%计算企业所得税,下一年初缴纳;当企业以前年度亏损,今年盈利,则需要先弥补以前年度的亏损后,再计算企业所得税。

(3)财务费用:贷款利息、贴现等费用之和。

五、开发市场

1.判断年资金需要量

判断如果每个市场都要开发,每年需要投入多少资金,如表2-1-7所示。

表2-1-7 市场开发表

市场类型	每年开发费用	开发周期	全部开发费用	操作方法
本地市场	无	无	无	直接得到准入证
区域市场	1M	1年	1M	1.将开发费放在准入证的位置处; 2.当完成全部开发时,到指导老师处换取相应的市场准入证
国内市场	1M	2年	2M	
亚洲市场	1M	3年	3M	
国际市场	1M	4年	4M	

2.解读市场开发规则

(1)每个市场每年最多投入1M开发费用,允许中断或者终止,但是不允许超前投资。开发时(每年年末),把1M放到"市场准入"的位置处,并把开发费用记录到"市场开发登记表"当中。

(2)当开发完成后,带着某市场的全部开发费用到指导老师那里换取市场准入证,并把准入证放在盘面的相对应位置处,领取时间为开发周期满后的下一年度期初,当年领取当年使用,只有拿到准入证才能参加相应市场的订货会,且选单过程中需要携带ISO市场准入证。

六、ISO认证

1.判断年资金需要

判断如果每个ISO都要认证,每年需要投入多少资金,如表2-1-8所示。

表2-1-8 ISO认证表

ISO类型	每年投资额	认证总投资	投资周期	操作方法
ISO9000	1M	1M	1年	1.把每年需要的投资额放在ISO证书位置; 2.当认证完成后,带所有投资到指导老师处换取ISO资格证; 3.只有获得ISO资格证后才能在市场中取得ISO认证产品
ISO14000	1M	2M	2年	

2.解读ISO认证规则

（1）ISO9000认证时间需要1年完成，ISO14000认证需要2年完成；

（2）ISO认证需要分期投资开发，每年一次，每次1M；

（3）可以中断投资，但是不允许集中或者提前投资，ISO资格证需要在认证完成后的下一个年度期初领取，领取当年就可以使用。

七、研发产品

1.判断年资金需要量

判断如果每个产品都要研发，每年需要投入多少资金，如表2-1-9所示。

表2-1-9　产品研发表

产品名称	每季度投资额	研发总投资	研发周期	操作方法
P2	1M	2M	2季度	1.每季度将需要的投资额放在生产资格位置，并填写"产品研发登记表"；
P3	2M	6M	3季度	2.当研发完成后，带上所有投资费用和"产品研发登记表"，到指导老师处换取生产许可证；
P4	3M	12M	4季度	3.只有获得生产许可证后才能开工生产该产品

2.解读产品研发规则

（1）要想生产某种产品，首先需要获得该产品的生产许可证。而想要获得生产许可证，则必须要经过产品研发。

（2）P1已经有生产许可证，可以直接在本地市场进行销售。P2需要研发4个季度，P3需要研发5个季度，P4需要研发6个季度，才能获得生产许可证。

（3）研发需要分期投入研发费用，每个季度投入一次，投入1M、2M、3M不等。

（4）产品研发可以中断或者终止，但是不允许提前或集中投入。

（5）已投入的研发费用不能收回。

（6）研发过程中不能生产，生产许可证在研发周期满后的下一季度期初可以领取，当季就可以使用，这时产品才可以上线生产。

（7）研发的产品不能在各个小组之间转让。

八、加工产品

1.熟记生产每种产品所需材料以及加工费

如表2-1-10所示。

表2-1-10　材料及加工费表

单位:M

产品	原材料	原料价值	加工费(手工/半自动/自动/柔性)	直接成本
P1	R1	1	1	2
P2	R1+R2	2	1	3
P3	R1+R2+R3	3	1	4
P4	R2+R3+2×R4	4	1	5

2.解读加工产品规则

(1)每一种产品成本都由材料费和加工费构成;

(2)每一种产品的材料费由一种或者几种材料构成。

九、采购原材料

1.了解订单提前期

购买的原材料需要经过下订单和购买入库两个环节才能投入生产使用,这两个环节之间的时间差称为订单提前期,如表2-1-11所示。

表2-1-11　原材料提前期表

原材料	订单提前期
R1	1季度
R2	1季度
R3	2季度
R4	2季度

2.解读订单提前期规则

(1)未下订单的原材料不能直接采购入库;

(2)下订单的所有原材料到期必须采购入库;

(3)原材料只可以向供应商购买,公司之间不可以进行原材料交易;

(4)购买原材料时,根据采购数量的多少来确定用现金支付还是赊账;

(5)紧急购买原材料时价格为原材料的1.5倍,并且直接扣除现金,上报报表时,成本仍然按照标准成本记录,紧急采购多付出的成本计入综合费用表损失项;

(6)原材料变卖给银行,按原值的1/2处理。

3.熟记材料采购账期

如表2-1-12所示。

表2-1-12　材料采购账期表

原材料采购(每个原材料R价格1M)		账期
同批同品种原材料	2个以下	现金
	3~5个	1季度
	6~10个	2季度
	11~15个	3季度
	15个以上	4季度

十、安装生产线

1.通过生产线的对比,找出各生产线的优势和劣势

如表2-1-13所示。

表2-1-13　生产线费用表

生产线	购置费	租赁费	安装周期	生产周期	转产费	转产周期	维修费	出售价
手工线	5M	—	—	3季度	—	—	1M/年	1M
半自动线	8M	—	2季度	2季度	1M	1M	1M/年	2M
全自动线	15M	—	3季度	1季度	2M	1M	1M/年	3M
柔性线	20M	—	4季度	1季度	—	—	1M/年	4M

2.根据对比各种生产线的优劣,购买生产线

(1)购买生产线须按照该生产线安装周期分期投资并安装,如自动线安装操作可按2-1-14表进行;

表2-1-14　自动线安装表

单位:M

操作时间	投资额	安装完成
1季度	5	启动1期安装
2季度	5	完成1期安装,启动2期安装
3季度	5	完成2期安装,启动3期安装
4季度	—	完成3期安装,生产线建成,领取产品标识,开始生产

(2)一条生产线待最后一期投资到位后,必须到下一季度才算安装完成,允许投入使用;

(3)生产线安装完成后,必须将投资额放在设备价值处,以证明生产线安装完成;

(4)生产线不允许在厂房之间移动;

(5)投资生产线的支付不一定需要连续,可以在投资过程中中断投资,也可以在中断投资之后的任何季度继续投资,但必须按照表2-1-13的投资原则进行操作。

3.经营租赁生产线

(1)企业间不允许相互购买生产线,只允许向设备供应商(指导老师)购买;

(2)企业间不允许相互租赁生产线。

4.转产生产线

(1)选定需转产的生产线,然后确定需转产的产品,支付转产费用进入安装周期,安装完成才能使用;

(2)只有空生产线才能转产。

5.变卖生产线

(1)生产线变卖时,将设备净值(原值-折旧-残值,残值即出售价格)计入当年综合费用表其他项,出售的价值直接转化为现金;

(2)如果生产线净值为零,仍可按出售价变卖;

(3)有在产品的生产线不允许出售。

6.维护生产线

(1)必须缴纳维护费的情况:生产线安装完成,不论是否开工生产,都必须在当年缴纳维护费;正在进行转产的生产线也必须缴纳维护费。

(2)免缴维护费的情况:凡已出售和正在建设的生产线不缴纳维护费。

7.生产线计提折旧

(1)生产线采用平均年限法计提折旧,每一条生产线单独计提折旧,使用年限为4年;

(2)当年新建成的生产线不计提折旧,已经折旧完的设备仍可以使用,但每年必须持续支付维护费;

(3)剩余残值可保留,直到该生产线变卖为止。

各生产线每年折旧额的计算,如表2-1-15所示。

表2-1-15 折旧表

单位：M

生产线	购置费	净残值	折旧额			
			建成第2年	建成第3年	建成第4年	建成第5年
手工线	5	1	1	1	1	1
半自动线	10	2	2	2	2	2
全自动线	15	3	3	3	3	3
柔性线	20	4	4	4	4	4

十一、购买与租用厂房

1.熟记厂房购买或者租赁价格

如表2-1-16所示。

表2-1-16 厂房租赁和购买表

项目	出售时间	买价	租赁	售价	账期	容量
大厂房	任何时间	40M	5 M/年	40M	4季度	5条
小厂房	任何时间	30M	3 M/年	30M	4季度	3条

2.解读购买与租用厂房规则

（1）厂房总数量为4间，自由组合；

（2）每季度都可租赁或购买厂房，如果决定租用厂房或厂房买转租，租金在开始租用的季度支付，即取等量的现金放入费用处，如果到期需继续租用的，需重复上面步骤；

（3）厂房租满一年后可买断或者退租，如果未处理，则原来租用的厂房在满一年的季末自动续租；

（4）要建生产线必须购买或租赁厂房，如果厂房没有生产线可以选择退租；

（5）厂房不计提折旧，生产线不允许在不同厂房间移动；

（6）厂房出售的收款金额为厂房本身的价值（大厂房40M，小厂房30M），并将收款额作为应收账款登记在应收账款表中，账期均为4季度；

（7）出售后转租，每年交纳租金。

任务小结

把广告投入、订单争取、订单交货、融资贷款、市场开拓、产品研发、ISO认证、产品加工、原料采购、生产线的安装与改造、厂房购买与租用等一系列的规则熟记,这样才能更好地运用。

任务拓展

每个项目负责人将自己负责区域的规则给其他成员进行解读说明,让其他负责人对其他区域的规则也有一定了解。

任务二 竞赛规则

任务目标

1.了解沙盘竞赛规则的重要性。

2.掌握沙盘竞赛规则。

任务描述

为了能更好地掌握沙盘,小林和朋友们将采取对战的形式进行沙盘的学习,在对战过程中会设置相关的规则,通过6年的运营选出较好的方案。

任务准备

一、知识准备

1.所有者权益,是指企业资产扣除负债后,由所有者享有的剩余权益。

2.破产处理。

(1)当参赛队所有者权益为负(指当年结束生成资产负债表时为负)或者现金断流时(所有者权益和现金可以为零),企业破产。

(2)参赛队破产后,直接退出比赛。

任务实施

一、计算总积分

表2-2-1 总积分计算表

序号	项目	评分项目	第一组成绩	第二组成绩	备注
一	综合潜力系数合计	1~15项合计分数			
1	大厂房	买+15分/间、租+5分/间			
2	小厂房	买+10分/间、租+2分/间			
3	手工生产线	+5分/条			
4	半自动生产线	+10分/条			
5	全自动生产线	+15分/条			
6	柔性生产线	+20分/条			
7	区域市场开发	+8分/年			
8	国内市场开发	+6分/年,共12分			
9	亚洲市场开发	+8分/年,共24分			
10	国际市场开发	+10分/年,共40分			
11	ISO9000	+3分/年			
12	ISO14000	+5分/年			
13	P2产品开发	+2分/Q			
14	P3产品开发	+3分/Q			
15	P4产品开发	+4分/Q			
二	综合发展潜力系数	综合潜力系数合计/100			
三	总积分	所有者权益×(1+综合发展潜力系数)			

二、统计总扣分

表2-2-2　扣分计算表

序号	项目	评分项目	第一组成绩	第二组成绩	备注
四	扣分合计	16~22项合计分数			
16	组与组之间私自交易	发现1次扣5分			
17	运营超时	每分钟扣1权益			
18	报表有误	每次扣5分			
19	未按时提交报表	扣除1×延迟分钟数+5分			
20	摆盘错误	每次扣2分			
21	做假账	每次扣10分			
22	其他违规	每次扣20分			

三、解释扣分细则

1.运营超时。运营超时有两种情况:一种是不能在规定时间完成广告投放(可提前投广告);另一种是不能在规定时间内完成当年经营。

处罚:按总分1分/分钟(不满一分钟按一分钟计算)计算罚分,最多不能超过10分钟。如果10分钟后还不能完成相应的运行,将取消其参赛资格。投放广告时间、完成经营时间及提交报表时间均会记录,作为扣分依据。

2.报表有误。必须按规定时间填制完成资产负债表,而且要求报表填制要正确,如果上交的报表与正确的报表对照有误,在总得分中扣罚5分/次,并以正确的报表为准修订。账目不平、强行平账都属于报表错误。

注意:上交报表时间有规定,延误交报表即视为错误一次,即使报表填制正确也要扣分。因运营超时引发延误交报表视同报表错误并扣分(即如果某队超时2分钟,将被扣除1×2+5=7分)。

3.比赛期间,允许看盘的期间(每年经营结束后,由裁判宣布看盘时间),需要如实回答看盘者提问,也不能拒绝看盘者查看其中除销售订单外的任何信息。看盘时各队至少留一人。摆盘情况由裁判每年结束时,随机抽取队伍进行核对,发现错误后予以扣分。如果经裁判核实后发现摆盘错误,扣2分/次,但不接受各队举报。

4.其他违规扣分。在运营过程中下列情况属违规：

(1)对裁判正确的判罚不服从；

(2)其他严重影响比赛正常进行的活动。

如有以上行为,在第6年经营结束后扣除该队总得分的20分。

5.所有罚分在第6年经营结束后计算总成绩时扣除。

四、计算最终得分

总成绩=总积分–扣分合计。

任务小结

熟记竞赛积分规则和扣分规则,这样才能让企业经营获得高分数。

任务拓展

思考怎样才能让所有者权益增加得更快。

项目三　对战演练

　　小林和朋友们分成两个小组进行对战演练,以展示工业企业沙盘模拟经营对战的全过程。通过复盘分析告诉大家:正确的决策使企业一步步做大做强,失败的决策则会使企业一溃千里。

任务一　1~6年对战演练

任务目标

1. 熟悉每年经营任务及操盘流程。
2. 学会并正确运用经营规则。
3. 简单分析盘面经营状况。

任务描述

甲、乙两家企业在开放的市场环境中，以相同的资金条件起步经营。但有着不同经营目标的两家企业分别采用了两种截然不同的经营策略，6年后，哪家企业会实现当初的既定目标呢？

任务准备

开放的市场环境中，成立了两家工业生产企业，甲公司和乙公司。甲公司的目标是在未来6年里实现规模扩张，在风险与挑战中寻求机遇与发展；而乙公司的目标是稳扎稳打，步步为营。

任务实施

一、初始年设置

1. 公司成立之初，两家公司均有起步资金60M，未购置厂房及生产线，库房里无存货。
2. 根据产品市场需求预测情况进行市场分析，为下一年的生产经营做准备，如表3-1-1和表3-1-2所示。

表3-1-1　产品均价预测表

单位:M

序号	年份	产品	本地市场	区域市场	国内市场	亚洲市场	国际市场
1	2	P1	3.5	3.8	0	0	0
2	2	P2	5	5.32	0	0	0
3	2	P3	8.13	8.24	0	0	0
4	2	P4	10.12	10.19	0	0	0
5	3	P1	4.97	4.95	0	0	0
6	3	P2	0	7.74	7.52	0	0
7	3	P3	9.21	0	8.84	0	0
8	3	P4	0	9.88	0	0	0
9	4	P1	5.72	5.55	0	5.85	0
10	4	P2	0	7.68	7.22	7.03	0
11	4	P3	9.61	0	9.04	9	0
12	4	P4	10.9	11.08	10.67	0	0
13	5	P1	5.24	5.08	0	5.46	5.88
14	5	P2	0	6.83	6.71	6.54	6.22
15	5	P3	9.09	8.73	9	9.05	0
16	5	P4	10.63	9.83	10.57	0	11
17	6	P1	4.84	5.29	0	5.04	5.57
18	6	P2	0	6.46	6.31	6.52	7.61
19	6	P3	9.24	0	8.41	7.58	8.13
20	6	P4	10.68	8.27	10.5	0	10.77

表3-1-2　市场需求量情况表

序号	年份	产品	本地市场	区域市场	国内市场	亚洲市场	国际市场
1	2	P1	30	25	0	0	0
2	2	P2	29	28	0	0	0
3	2	P3	31	37	0	0	0
4	2	P4	25	36	0	0	0

续表

序号	年份	产品	本地市场	区域市场	国内市场	亚洲市场	国际市场
5	3	P1	36	22	0	0	0
6	3	P2	0	23	25	0	0
7	3	P3	34	0	25	0	0
8	3	P4	0	18	0	0	0
9	4	P1	29	29	0	27	0
10	4	P2	0	19	18	30	0
11	4	P3	23	0	23	16	0
12	4	P4	21	13	18	0	0
13	5	P1	25	26	0	28	24
14	5	P2	0	23	28	24	23
15	5	P3	22	22	21	19	0
16	5	P4	16	18	21	0	22
17	6	P1	32	21	0	27	37
18	6	P2	0	24	26	31	23
19	6	P3	25	0	22	31	16
20	6	P4	19	15	14	0	13

3.两个公司通过对第二年的市场需求预测分析,得出如下结论:产品价格逐年递增,其中P1产品的价格波动区间为3.5~5.88M,销售额扣除成本费用后毛利极少,组数较少的时候不建议生产P1产品;P2产品的价格波动区间为5~7.74M,所赚取的毛利比P1产品的平均利润高,若为了稳扎稳打,可以生产P2产品;P3产品的价格波动区间为8.13~9.61M,与P1、P2产品相比较优势在于第二年起步价格高,能更快地收回本金并赚取利润,在资金不足以生产P4产品的情况下可以主打P3产品;P4产品的均价基本上都在10M以上,是四种产品中利润最高的,在资金充足的情况下可以主打P4产品,但在生产的过程中需注意不同市场的需求量,避免出现供不应求或供过于求的状况。

二、第一年经营

1.甲公司在第一年四个季度的经营过程如表3-1-3所示。

表3-1-3　甲公司第一年运营表

单位:M

初始所有者权益	60		第一季	第二季	第三季	第四季
年度规划(年初现金)	60		60			
贴现		1Q				
		2Q				
		3Q				
		4Q				
贴息						
信息费						
广告费						
应交税金						
长期贷款利息						
偿还长期贷款						
申请长期贷款			180			
季初现金			240	129	123	117
还短期贷款						
支付利息						
申请短期贷款						
原材料入库						
购买厂房						
新建/在建生产线			100			
生产线转产						
生产线变卖						
紧急采购						
下一批生产						
更新应收款						
按订单交货(零账期)						
产品研发			5	5	5	3
厂房处理(包括租用)			5			
出售库存						
新市场开拓						4
ISO资格认证						2
计提折旧						
设备维护费用						
支付行政管理费			1	1	1	1
季末现金			129	123	117	107

（1）甲公司在第一季度首先申请长期贷款180M（所有者权益合计的3倍），购买5条柔性生产线（5×20M/Q，4Q安装完成），同时研发产品P3（2M/Q，3Q完成）和P4（3M/Q，4Q完成），产生行政管理费1M（1M/Q），租用一间大厂房，支付租金5M。甲公司第一季度末盘面如图3-1-1所示：

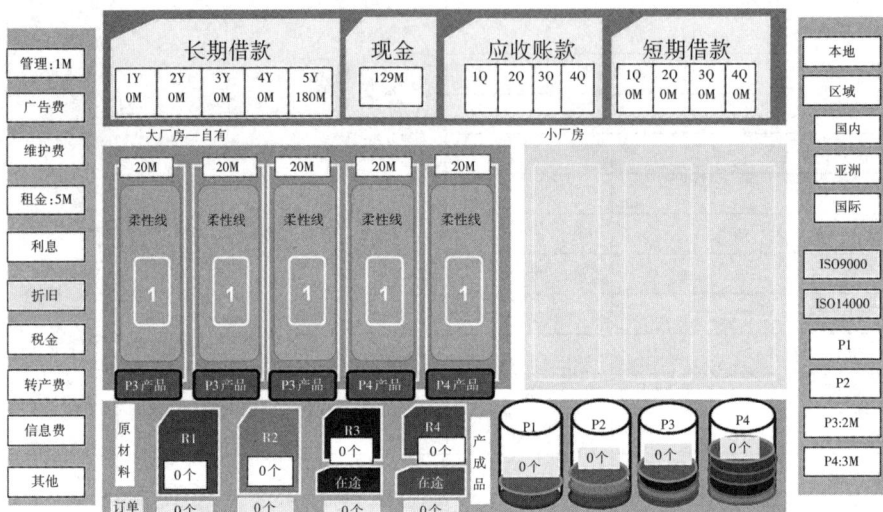

图3-1-1　甲公司第一年第一季度末盘面

（2）甲公司第二季度支付产品P3和P4研发费用5M，支付行政管理费1M。甲公司第二季度末盘面如图3-1-2所示：

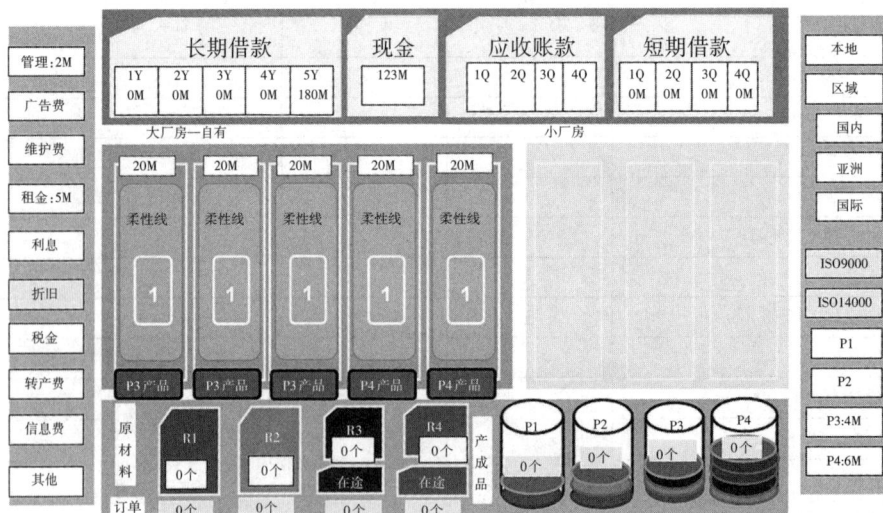

图3-1-2　甲公司第一年第二季度末盘面

(3)甲公司第三季度支付产品P3和P4研发费用5M;支付行政管理费1M;下原材料采购订单:5R3、4R4(R3、R4提前2期)。甲公司第三季度末盘面如图3-1-3所示:

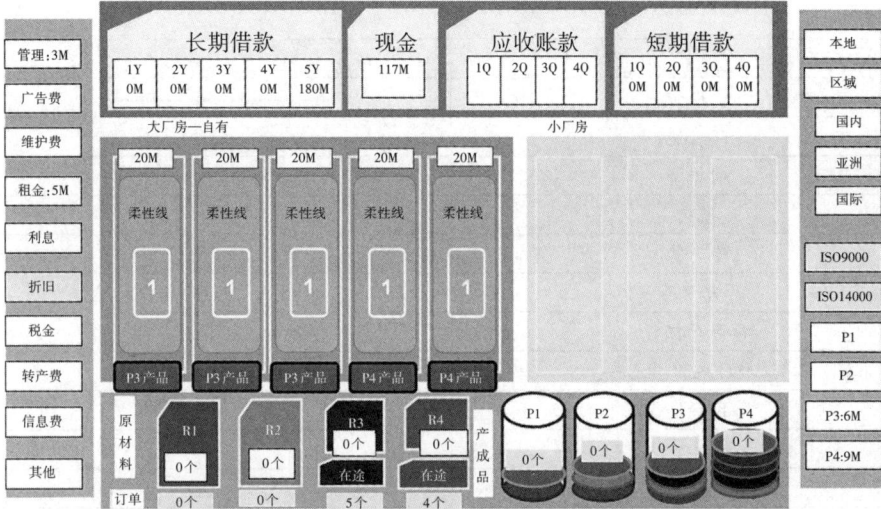

图3-1-3 甲公司第一年第三季度末盘面

(4)甲公司第四季度支付产品P4研发费用3M,P3研发完成,支付行政管理费1M;年末支付市场开发费用4M,包括区域市场(1M/年,1年完成)、国内市场(1M/年,2年完成)、亚洲市场(1M/年,3年完成)、国际市场(1M/年,4年完成);支付资格认证费2M,包括ISO9000(1M/年,1年完成)、ISO14000(1M/年,2年完成);下原材料采购订单:3R1、5R2、5R3、4R4,更新上一季度原料订单。甲公司第一年末盘面如图3-1-4所示:

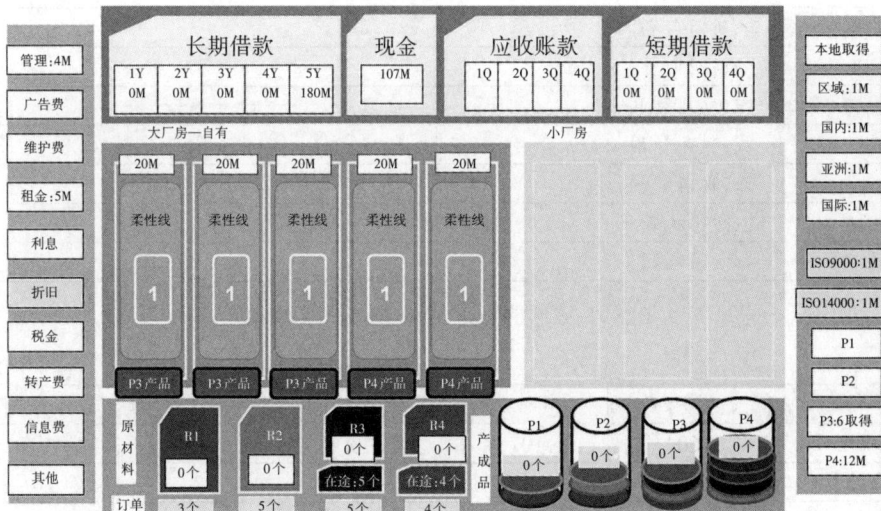

图3-1-4 甲公司第一年末盘面

(5)甲公司生成第一年财务报表,如表3-1-4、表3-1-5、表3-1-6所示:

表3-1-4 甲公司第一年综合费用表

单位:M

项目	金额
管理费	4
广告费	0
维护费	0
损失	0
转产费	0
厂房租金	5
市场开拓费	4
ISO认证费	2
产品研发费	18
信息费	0
合计	33

表3-1-5 甲公司第一年利润表

单位:M

项目	金额
一、销售收入	0
减:直接成本	0
二、毛利	0
减:综合费用	33
三、折旧前利润	−33
减:折旧费	0
四、息前利润	−33
减:财务费用	0
五、税前利润	−33
减:所得税费用	0
六、净利润	−33

表3-1-6 甲公司第一年资产负债表

单位:M

项目	上年数	本年数	项目	上年数	本年数
现金	60	107	长期负债	0	180
应收款	0	0	短期负债	0	0
在产品	0	0	应交税金	0	0
产成品	0	0	—	—	—

续表

项目	上年数	本年数	项目	上年数	本年数
原材料	0	0	—	—	—
流动资产合计	60	107	负债合计	0	180
厂房	0	0	股东资本	60	60
生产线	0	0	利润留存	0	0
在建工程	0	100	年度净利	0	−33
非流动资产合计	0	100	所有者权益合计	60	27
资产总计	60	207	负债和所有者权益总计	60	207

2.乙公司在第一年四个季度的经营过程如表3-1-7所示。

表3-1-7 乙公司第一年运营表

单位:M

初始所有者权益	60		第一季	第二季	第三季	第四季
年度规划(年初现金)	60		60			
贴现		1Q				
		2Q				
		3Q				
		4Q				
贴息						
信息费						
广告费						
应交税金						
长期贷款利息						
偿还长期贷款						
申请长期贷款						
季初现金			60	26	22	10
还短期贷款						
支付利息						
申请短期贷款						29
原材料入库					6	6
购买厂房						
新建/在建生产线			25			
生产线转产						
生产线变卖						

续表

初始所有者权益	60	第一季	第二季	第三季	第四季
紧急采购					
下一批生产				3	2
更新应收款					
按订单交货(零账期)					
产品研发		3	3	2	
厂房处理(包括租用)		5			
出售库存					
新市场开拓					4
ISO资格认证					2
计提折旧					
设备维护费用					5
支付行政管理费		1	1	1	1
季末现金		26	22	10	19

(1)乙公司在第一季度购买了5条手工生产线(5×5M/Q,无安装期),同时研发产品 P2(1M/Q,2Q完成)和 P3(2M/Q,3Q完成),产生行政管理费1M,租用一间大厂房,支付租金5M。乙公司第一季度末盘面如图3-1-5所示:

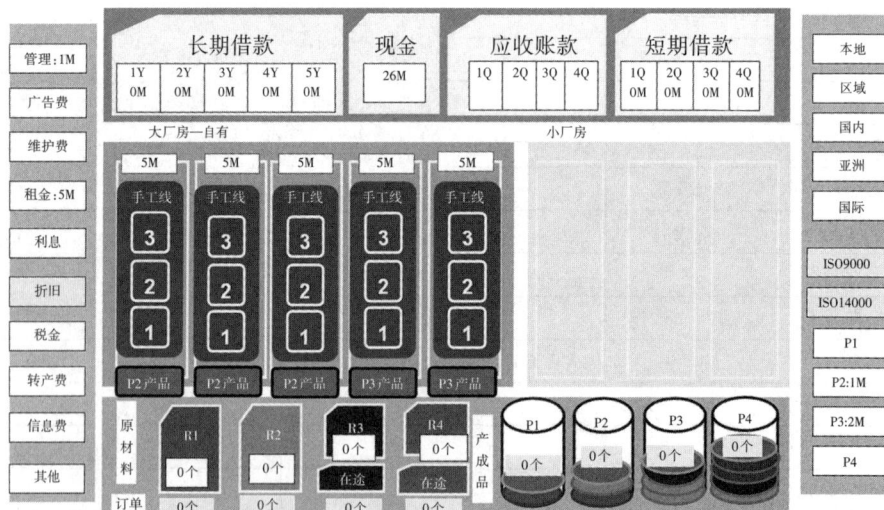

图3-1-5 乙公司第一年第一季度末盘面

(2)乙公司第二季度支付产品 P2 和 P3 研发费用3M,行政管理费1M,下原材料采购订单:3R1、3R2、2R3(R1、R2提前1期、R3提前2期)。乙公司第二季度末盘面如图3-1-6所示:

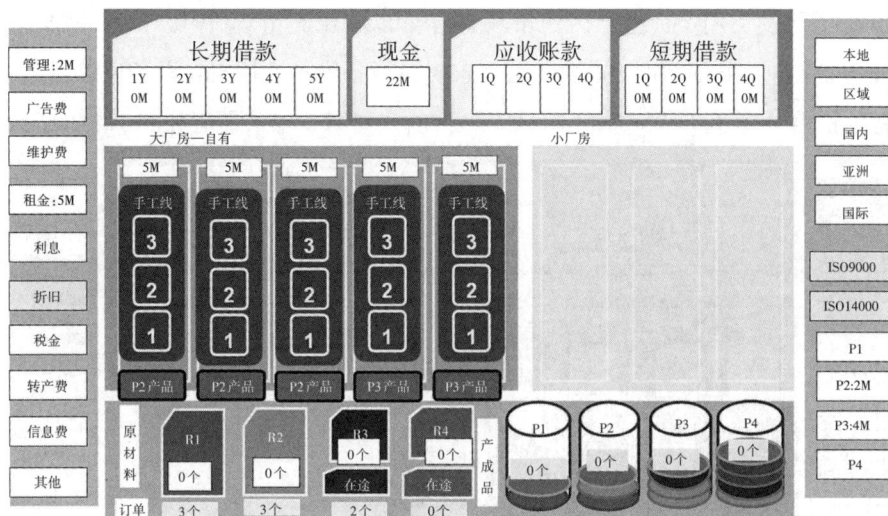

图 3-1-6 乙公司第一年第二季度末盘面

（3）乙公司第三季度支付产品 P3 研发费用 2M，P2 研发完成；支付行政管理费 1M；原材料 3R1、3R2 入库，支付 6M；下原材料采购订单：2R1、2R2；生产线开始生产：生产 3 个 P2（P2 研发周期 2 季度，第三季度可以开始生产，生产 1 个 P2 需要的原材料是 1R1 和 1R2），付人工费 3M。乙公司第三季度末盘面如图 3-1-7 所示：

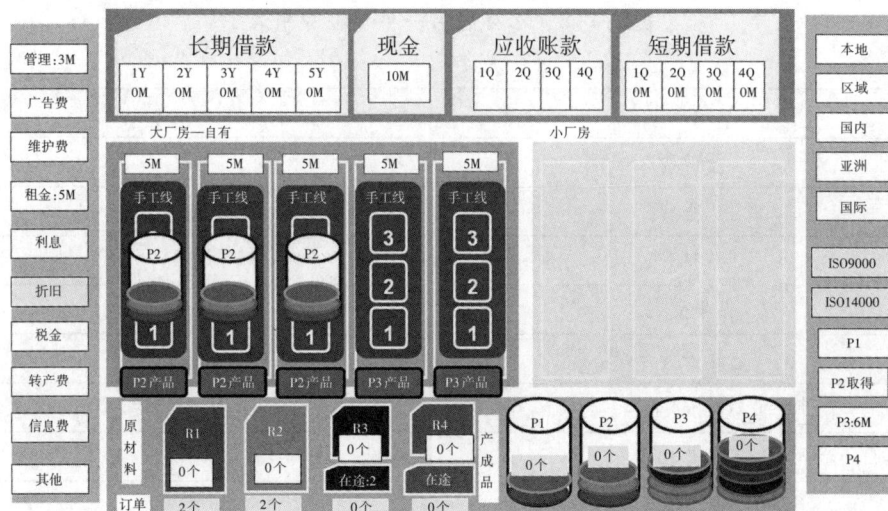

图 3-1-7 乙公司第一年第三季度末盘面

（4）乙公司第四季度申请短期贷款 29M；P3 研发完成；支付行政管理费 1M；原材料 2R1、2R2、2R3 入库，支付 6M；生产线开始生产：生产 2 个 P3（P3 研发周期 3 季度，第四季度可以开始生产，生产 1 个 P3 需要的原材料是 1R1、1R2 和 1R3），付 2 人工费；年末支付市场开发费用4M,包括区域市场、国内市场、亚洲市场、国际市场;年末支付资格认证费2M,包括ISO9000、ISO14000;年末支付设备维护费用5M(设备建成当年,需支付设备维护费,5条手工线应支付5×1M/年)。乙公司第一年末盘面如图3-1-8所示:

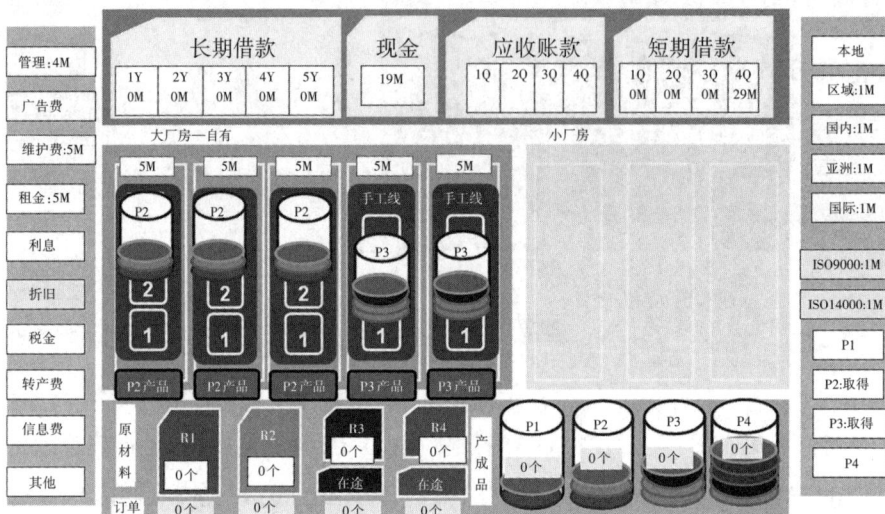

图3-1-8　乙公司第一年末盘面

(5)乙公司生成第一年财务报表,如表3-1-8、表3-1-9、表3-1-10所示:

表3-1-8　乙公司第一年综合费用表

单位:M

项目	金额
管理费	4
广告费	0
维护费	5
损失	0
转产费	0
厂房租金	5
市场开拓费	4
ISO认证费	2
产品研发费	8
信息费	0
合计	28

表3-1-9 乙公司第一年利润表

单位:M

项目	金额
一、销售收入	0
减:直接成本	0
二、毛利	0
减:综合费用	28
三、折旧前利润	−28
减:折旧费	0
四、息前利润	−28
减:财务费用	0
五、税前利润	−28
减:所得税费用	0
六、净利润	−28

表3-1-10 乙公司第一年资产负债表

单位:M

项目	上年数	本年数	项目	上年数	本年数
现金	60	19	长期负债	0	0
应收款	0	0	短期负债	0	29
在产品	0	17	应交税金	0	0
产成品	0	0	—	—	—
原材料	0	0	—	—	—
流动资产合计	60	36	负债合计	0	29
厂房	0	0	股东资本	60	60
生产线	0	25	利润留存	0	0
在建工程	0	0	年度净利	0	−28
非流动资产合计	0	25	所有者权益合计	60	32
资产总计	60	61	负债和所有者权益总计	60	61

三、第二年经营

1.第二年只提供本地市场和区域市场的订单,甲乙公司分别投入不同的广告费以抢夺订单。

（1）甲公司投入广告费7M,取得订单S213-09、S213-07、S223-03、S224-02、S224-04,如表3-1-11、表3-1-12所示：

表3-1-11　甲公司第二年广告投放表

单位:M

	本地	区域	国内	亚洲	国际	竞单
P1						
P2						
P3	3	1				
P4		3				

表3-1-12 甲公司第二年订单登记表

订单号	产品	数量	交期	账期	销售额	实际交货期
S213-09	P3	2	4	0	18M	第二季
S213-07	P3	3	4	3	29M	第三季
S223-03	P3	4	4	2	37M	第四季
S224-02	P4	3	4	1	33M	第三季
S224-04	P4	3	4	2	32M	第四季

（2）乙公司投入广告费2M,取得订单S212-07、S213-03,如表3-1-13、表3-1-14所示：

表3-1-13　乙公司第二年广告投放表

单位:M

	本地	区域	国内	亚洲	国际	竞单
P1						
P2	1					
P3	1					
P4						

表3-1-14　乙公司第二年订单登记表

订单号	产品	数量	交期	账期	销售额	实际交货期
S212-07	P2	3	4	3	18M	第二季
S213-03	P3	2	4	0	18M	第三季

2.甲公司在第二年的经营过程如表3-1-15所示。

表3-1-15 甲公司第二年运营表

单位:M

初始所有者权益		27	第一季	第二季	第三季	第四季
年度规划(年初现金)		107				
贴现	1Q					
	2Q					
	3Q					
	4Q					
贴息						
信息费						
广告费			7			
应交税金						
长期贷款利息			18			
偿还长期贷款						
申请长期贷款						
季初现金			82	54	49	26
还短期贷款						
支付利息						
申请短期贷款						
原材料入库			17	17	17	17
购买厂房						
新建/在建生产线						
生产线转产						
生产线变卖						
紧急采购						
下一批生产			5	5	5	5
应收款前现金缺口			正常	正常	正常	正常
更新应收款						33
按订单交货(零账期)				18		
产品研发						

续表

初始所有者权益	27	第一季	第二季	第三季	第四季
厂房处理(包括租用)	5				
出售库存					
新市场开拓					3
ISO资格认证					1
计提折旧					
设备维护费用					5
支付行政管理费		1	1	1	1
季末现金		54	49	26	27

(1)甲公司第一季度支付长期贷款利息18M(长期贷款利率为10%);租用厂房支付5M;支付行政管理费1M;原材料入库17个(3R1、5R2、5R3、4R4);生产5个产品(3P3、2P4),支付人工费5M。下原材料采购订单:3R1、5R2、5R3、4R4。甲公司第一季度末盘面如图3-1-9所示:

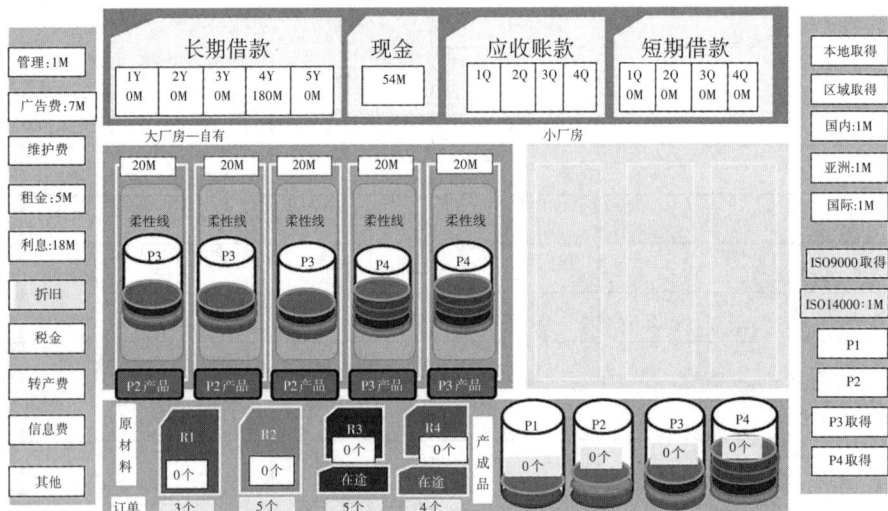

图3-1-9 甲公司第二年第一季度末盘面

(2)甲公司第二季度原材料入库17个(3R1、5R2、5R3、4R4);生产5个产品(3P3、2P4),支付人工费5M;按订单S213-09交货,由于账期为零,所以收到货款18M;支付行政管理费1M。下原材料采购订单:3R1、5R2、5R3、4R4。甲公司第二季度末盘面如图3-1-10所示:

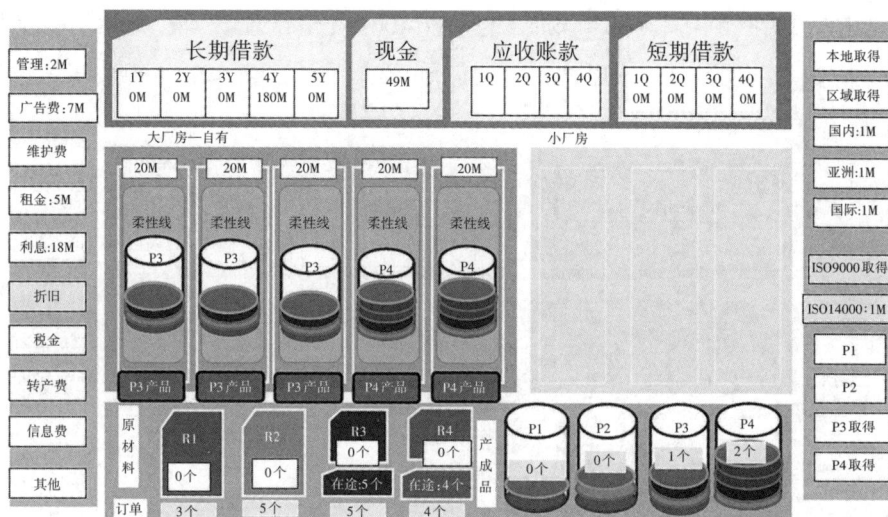

图 3-1-10　甲公司第二年第二季度末盘面

（3）甲公司第三季度原材料入库 17 个（3R1、5R2、5R3、4R4）；生产 5 个产品（3P3、2P4），支付人工费 5M；按订单 S213-07、S224-02 交货，账期分别为 3Q 和 1Q，产生应收账款 62M（29M+33M）；支付行政管理费 1M。下原材料采购订单：3R1、5R2、5R3、4R4。甲公司第三季度末盘面如图 3-1-11 所示：

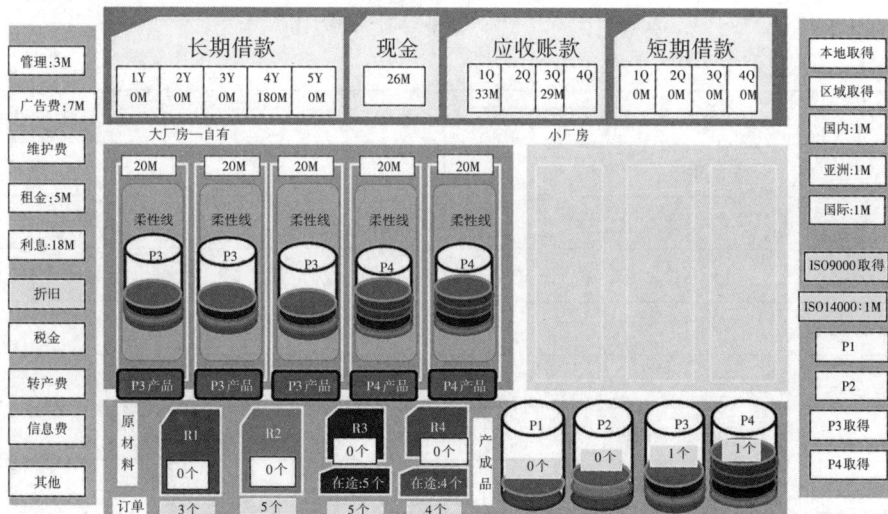

图 3-1-11　甲公司第二年第三季度末盘面

（4）甲公司第四季度原材料入库 17 个（3R1、5R2、5R3、4R4）；生产 5 个产品（3P3、2P4），支付人工费 5M；订单 S224-02 账期已到，收回应收账款 33M；按订单 S223-03、S224-04 交货，账期均为 2Q，产生应收账款 69M（37M+32M）；支付市场开拓费用 3M，包括国内市场、亚洲市场、国际市场；支付ISO14000资格认证费1M；支付设备维护费5M；支付行政管理费1M。下原材料采购订单：3R1、5R2、5R3、4R4。甲公司第二年末盘面如图3-1-12所示：

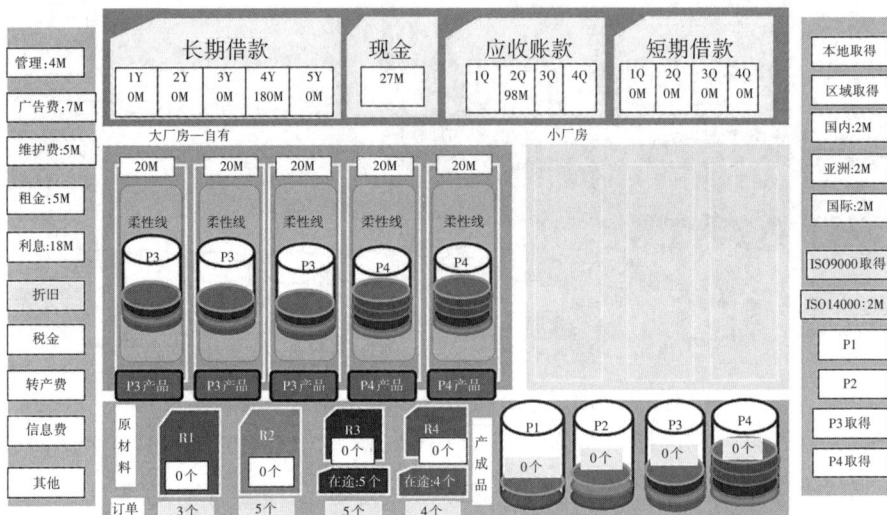

图3-1-12 甲公司第二年末盘面

（5）甲公司生成第二年财务报表，如表3-1-16、表3-1-17、表3-1-18所示：

表3-1-16 甲公司第二年综合费用表

单位：M

项目	金额
管理费	4
广告费	7
维护费	5
损失	0
转产费	0
厂房租金	5
市场开拓费	3
ISO认证费	1
产品研发费	0
信息费	0
合计	25

表3-1-17　甲公司第二年利润表

单位:M

项目	金额
一、销售收入	149
减:直接成本	66
二、毛利	83
减:综合费用	25
三、折旧前利润	58
减:折旧费	0
四、息前利润	58
减:财务费用	18
五、税前利润	40
减:所得税费用	2
六、净利润	38

表3-1-18　甲公司第二年资产负债表

单位:M

项目	上年数	本年数	项目	上年数	本年数
现金	107	27	长期负债	180	180
应收款	0	98	短期负债	0	0
在产品	0	22	应交税金	0	2
产成品	0	0	—	—	—
原材料	0	0	—	—	—
流动资产合计	107	147	负债合计	180	182
厂房	0	0	股东资本	60	60
生产线	0	100	利润留存	0	-33
在建工程	100	0	年度净利	-33	38
非流动资产合计	100	100	所有者权益合计	27	65
资产总计	207	247	负债和所有者权益总计	207	247

3.乙公司在第二年的经营过程如表3-1-19所示。

表3-1-19　乙公司第二年运营表

单位:M

初始所有者权益	32	第一季	第二季	第三季	第四季
年度规划(年初现金)		19			
贴现	1Q				
	2Q				
	3Q				
	4Q				
贴息					
信息费					
广告费		2			
应交税金					
长期贷款利息					
偿还长期贷款					
申请长期贷款		67			
季初现金		84	78	68	77
还短期贷款					29
支付利息					1
申请短期贷款					29
原材料入库			6	6	
购买厂房					
新建/在建生产线					
生产线转产					
生产线变卖					
紧急采购					
下一批生产			3	2	
应收款前现金缺口		正常	正常	正常	正常
更新应收款					

初始所有者权益	32	第一季	第二季	第三季	第四季
按订单交货(零账期)				18	0
产品研发					
厂房处理(包括租用)	5				
出售库存					
新市场开拓					3
ISO资格认证					1
计提折旧					5
设备维护费用					5
支付行政管理费	1	1	1	1	
季末现金		78	68	77	66

(1)乙公司第一季度申请长期贷款67M(长期贷款总额不能超过所有者权益合计的3倍);租用厂房支付5M;支付行政管理费1M,下原料订单8个(3R1、3R2、2R3)。乙公司第一季度末盘面如图3-1-13所示:

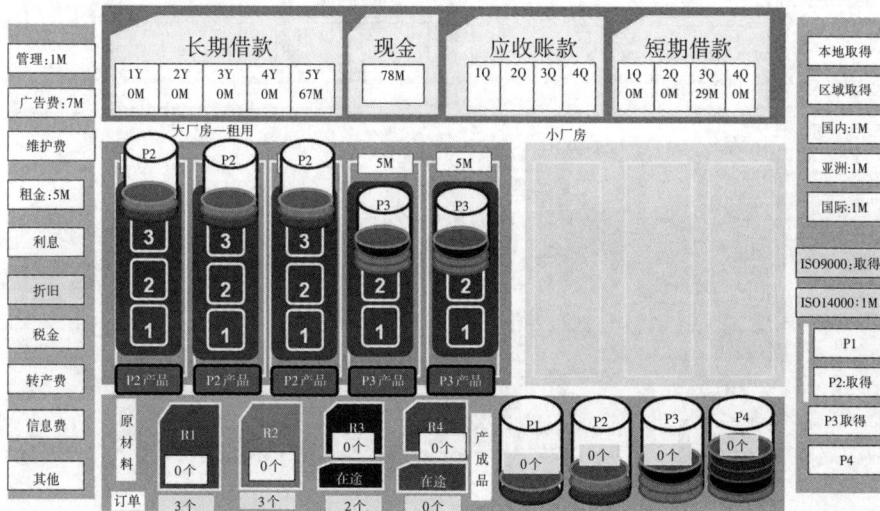

图3-1-13 乙公司第二年第一季度末盘面

(2)乙公司第二季度原材料入库6个(3R1、3R2);生产3P2,支付人工费3M;支付行政管理费1M;按订单S212-07交货,由于收款账期为3Q,所以产生应收账款18M。下原料订单4个(2R1、2R2)。乙公司第二季度末盘面如图3-1-14所示:

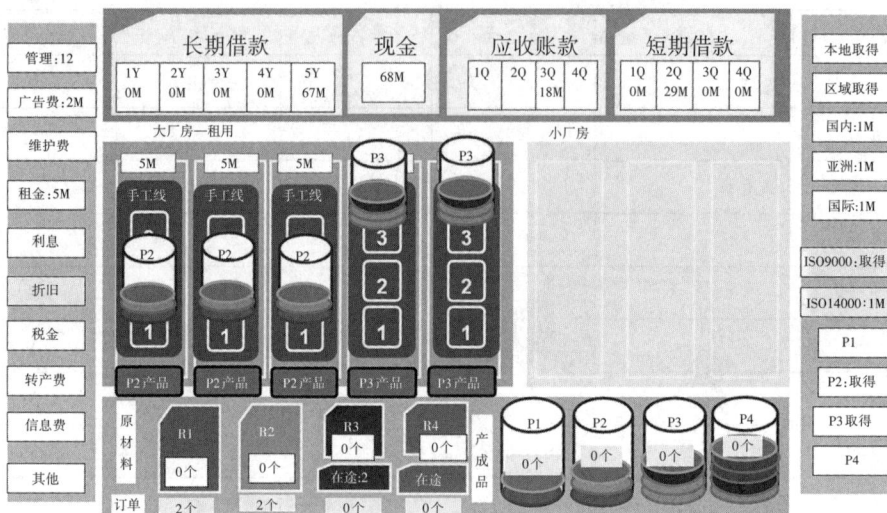

图3-1-14　乙公司第二年第二季度末盘面

（3）乙公司第三季度原材料入库6个（2R1、2R2、2R3）；生产2P3，支付人工费2M；按订单S213-03交货，账期为零，收到货款18M；支付行政管理费1M。乙公司第三季度末盘面如图3-1-15所示：

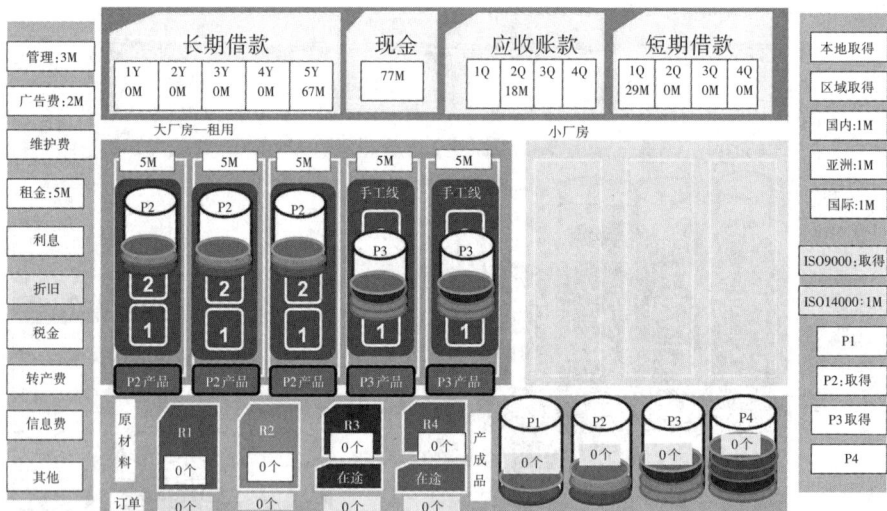

图3-1-15　乙公司第二年第三季度末盘面

（4）第四季度由于乙公司在上一年末贷款29M，一年到期必须还本金29M，由于资金不够，因此继续借贷短期贷款29M，支付短期贷款利息1M（短期贷款利率为5%）；支付市场开拓费用3M，包括国内市场、亚洲市场、国际市场；支付ISO14000资格认证费1M；支付设备维护费5M；支付行政管理费1M。下原料订单8个（3R1、3R2、2R3）。乙公司第二年末盘面如图3-1-16所示：

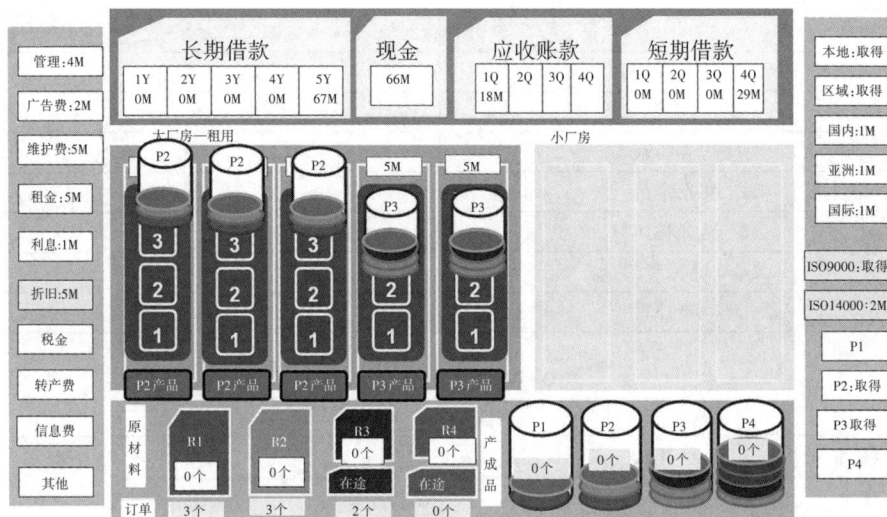

图3-1-16 乙公司第二年末盘面

（5）乙公司生成第二年财务报表，如表3-1-20、表3-1-21、表3-1-22所示：

表3-1-20 乙公司第二年综合费用表

单位：M

项目	金额
管理费	4
广告费	2
维护费	5
损失	0
转产费	0
厂房租金	5
市场开拓费	3
ISO认证费	1
产品研发费	0
信息费	0
合计	20

表3-1-21 乙公司第二年利润表

单位：M

项目	金额
一、销售收入	36
减：直接成本	17
二、毛利	19
减：综合费用	20

续表

项目	金额
三、折旧前利润	−1
减:折旧费	5
四、息前利润	−6
减:财务费用	1
五、税前利润	−7
减:所得税费用	0
六、净利润	−7

表3-1-22 乙公司第二年资产负债表

单位:M

项目	上年数	本年数	项目	上年数	本年数
现金	19	66	长期负债	0	67
应收款	0	18	短期负债	29	29
在产品	17	17	应交税金	0	0
产成品	0	0	—	—	—
原材料	0	0	—	—	—
流动资产合计	36	101	负债合计	29	96
厂房	0	0	股东资本	60	60
生产线	25	20	利润留存	0	−28
在建工程	0	0	年度净利	−28	−7
非流动资产合计	25	20	所有者权益合计	32	25
资产总计	61	121	负债和所有者权益总计	61	121

四、第三年经营

1.甲、乙公司投入广告费,抢夺订单

(1)甲公司在本年投入广告费7M,取得订单S313-06、S313-08、S332-02、S324-03、S324-04,如表3-1-23、表3-1-24所示。

表3-1-23 甲公司第三年广告投放表

单位:M

	本地	区域	国内	亚洲	国际	竞单
P1						
P2						
P3	3		1			
P4		3				

表3-1-24　甲公司第三年订单登记表

订单号	产品	数量	交期	账期	销售额	实际交货期
S313-06	P3	4	4	1	43M	第四季
S313-08	P3	4	2	4	40M	第二季
S332-02	P3	2	2	0	19M	第一季
S324-03	P4	3	3	0	34M	第二季
S324-04	P4	3	4	1	26M	第三季

2.乙公司投入广告费3M,取得订单S322-05、S332-06、S333-06,如表3-1-25、表3-1-26所示。

表3-1-25　乙公司第三年广告投放表

单位:M

	本地	区域	国内	亚洲	国际	竞单
P1						
P2		1	1			
P3			1			
P4						

表3-1-26　乙公司第三年订单登记表

订单号	产品	数量	交期	账期	销售额	实际交货期
S322-05	P2	3	3	0	26M	第一季
S332-06	P2	2	4	3	18M	第四季
S333-06	P3	2	2	4	22M	第二季

(二)甲公司在第三年的经营过程如表3-1-27所示。

表3-1-27　甲公司第三年运营表

单位:M

初始所有者权益	65	第一季	第二季	第三季	第四季
年度规划(年初现金)		27			
贴现	1Q				
	2Q				
	3Q				
	4Q				
贴息					
信息费					
广告费		7			
应交税金		2			
长期贷款利息		18			
偿还长期贷款					
申请长期贷款					

续表

初始所有者权益	65	第一季	第二季	第三季	第四季
季初现金			27	112	89
还短期贷款					
支付利息		3			
申请短期贷款		15			
原材料入库		17	17	17	17
购买厂房					
新建/在建生产线					
生产线转产					
生产线变卖					
紧急采购					
下一批生产		5	5	5	5
应收款前现金缺口		请注意	正常	正常	正常
更新应收款		24	74		26
按订单交货(零账期)		19	34		
产品研发					
厂房处理(包括租用)		5			
出售库存					
新市场开拓					2
ISO资格认证					
计提折旧					5
设备维护费用					5
支付行政管理费		1	1	1	1
季末现金		27	112	89	85

1.甲公司第一季度支付应交税金2M(税前利润扣除以前年度亏损以后为应纳税所得额);支付长期贷款利息18M;资金出现短缺,贴现应收账款24M,贴息3M(贴现率为12.5%);申请短期贷款15M;支付厂房租金5M;每季均根据订单采购原料,并开展生产,之后不做详述;按订单S332-02交货,取得销售收入19M。

2.第二季度收回应收账款74M,同时按订单S324-03、S313-08交货,取得销售收入34M,新增应收账款40M。

3.第三季度按订单S324-04交货,新增应收账款26M。

4.第四季度收回应收账款26M,支付新市场开拓费2M,包括亚洲市场和国际市场;支付设备维护费5M;全年支付行政管理费4M。

5.甲公司生成第三年末报表,如表3-1-28、表3-1-29、表3-1-30所示:

表3-1-28　甲公司第三年综合费用表

单位:M

项目	金额
管理费	4
广告费	7
维护费	5
损失	0
转产费	0
厂房租金	5
市场开拓费	2
ISO认证费	0
产品研发费	0
信息费	0
合计	23

表3-1-29　甲公司第三年利润表

单位:M

项目	金额
一、销售收入	162
减:直接成本	70
二、毛利	92
减:综合费用	23
三、折旧前利润	69
减:折旧费	20
四、息前利润	49
减:财务费用	21
五、税前利润	28
减:所得税费用	7
六、净利润	21

表3-1-30　甲公司第三年资产负债表

单位:M

项目	上年数	本年数	项目	上年数	本年数
现金	27	85	长期负债	180	180
应收款	98	83	短期负债	0	15

续表

项目	上年数	本年数	项目	上年数	本年数
在产品	22	22	应交税金	2	7
产成品	0	18	—	—	—
原材料	0	0	—	—	—
流动资产合计	147	208	负债合计	182	202
厂房	0	0	股东资本	60	60
生产线	100	80	利润留存	-33	5
在建工程	0	0	年度净利	38	21
非流动资产	100	80	所有者权益合计	65	86
资产总计	247	288	负债和所有者权益总计	247	288

(三)乙公司在第三年的经营过程如表3-1-31所示。

表3-1-31 乙公司第三年运营表

单位:M

初始所有者权益	25	第一季	第二季	第三季	第四季
年度规划(年初现金)		66			
贴现	1Q				
	2Q				
	3Q				
	4Q				
贴息					
信息费					
广告费		3			
应交税金					
长期贷款利息		7			
偿还长期贷款					
申请长期贷款					
季初现金		56	85	76	75
还短期贷款					29
支付利息					1
申请短期贷款					
原材料入库		6	6		6
购买厂房					
新建/在建生产线					
生产线转产					
生产线变卖					

续表

初始所有者权益	25	第一季	第二季	第三季	第四季
紧急采购					
下一批生产		3	2		3
应收款前现金缺口		正常	正常	正常	正常
更新应收款		18			
按订单交货(零账期)		26			
产品研发					
厂房处理(包括租用)		5			
出售库存					
新市场开拓					2
ISO资格认证					
计提折旧					5
设备维护费用					5
支付行政管理费		1	1	1	1
季末现金		85	76	75	28

1.乙公司每季均根据订单采购原料,并开展生产,之后不做详述。

2.第一季度收到去年应收账款18M,按S322-05(零账期)订单交货,取得26M;支付厂房租金5M。

3.年末归还短期贷款29M;支付贷款利息1M;支付市场开拓费2M,包括亚洲市场和国际市场;支付设备维护费5M;全年支付行政管理费4M。

4.乙公司生成第三年末报表,如表3-1-32、表3-1-33、表3-1-34所示:

表3-1-32 乙公司第三年综合费用表

单位:M

项目	金额
管理费	4
广告费	3
维护费	5
损失	0
转产费	0
厂房租金	5
市场开拓费	2
ISO认证费	0
产品研发费	0
信息费	0
合计	19

表3-1-33　乙公司第三年利润表

单位:M

项目	金额
一、销售收入	66
减:直接成本	23
二、毛利	43
减:综合费用	19
三、折旧前利润	24
减:折旧费	5
四、息前利润	19
减:财务费用	8
五、税前利润	11
减:所得税费用	0
六、净利润	11

表3-1-34　乙公司第三年资产负债表

单位:M

项目	上年数	本年数	项目	上年数	本年数
现金	66	28	长期负债	67	67
应收款	18	40	短期负债	29	0
在产品	17	17	应交税金	0	0
产成品	0	3	—	—	—
原材料	0	0	—	—	—
流动资产合计	101	88	负债合计	96	67
厂房	0	0	股东资本	60	60
生产线	20	15	利润留存	−28	−35
在建工程	0	0	年度净利	−7	11
非流动资产合计	20	15	所有者权益合计	25	36
资产总计	121	103	负债和所有者权益总计	121	103

五、第四年经营

（一）投入广告费、抢夺订单

1.甲公司在本年投入广告费8M,取得订单S413-07、S433-05、S433-07、S443-01、S414-05、S424-04、S434-05,如表3-1-35、表3-1-36所示。

表3-1-35 甲公司第四年广告投放表

单位:M

	本地	区域	国内	亚洲	国际	竞单
P1						
P2						
P3	1		3	1		
P4	1	1	1			

表3-1-36 甲公司第四年订单登记表

订单号	产品	数量	交期	账期	销售额	实际交货期
S413-07	P3	4	4	0	41	第二季
S433-05	P3	3	3	4	33	第三季
S433-07	P3	3	4	3	32	第四季
S443-01	P3	4	1	0	36	第一季
S414-05	P4	5	4	3	51	第三季
S424-04	P4	2	4	2	27	第一季
S434-05	P4	3	4	1	39	第四季

2.乙公司投入广告费4M,取得订单S422-04、S432-06、S413-03、S443-02,如表3-1-37、表3-1-38所示。

表3-1-37 乙公司第四年广告投放表

单位:M

	本地	区域	国内	亚洲	国际	竞单
P1						
P2		1	1			
P3	1			1		
P4						

表3-1-38　乙公司第四年订单登记表

订单号	产品	数量	交期	账期	销售额	实际交货期
S422-04	P2	3	3	0	21M	第三季
S432-06	P2	1	3	0	8M	第一季
S413-03	P3	3	4	2	30M	第四季
S443-02	P3	1	3	0	10M	第一季

（二）甲公司在第四年的经营过程如表3-1-39所示。

表3-1-39　甲公司第四年运营表

单位：M

初始所有者权益	86		第一季	第二季	第三季	第四季
年度规划（年初现金）	85					
贴现		1Q				
		2Q				
		3Q				
		4Q				
贴息						
信息费						
广告费	8					
应交税金	7					
长期贷款利息	18					
偿还长期贷款						
申请长期贷款						
季初现金	52		87	145	149	
还短期贷款	15					
支付利息	1					
申请短期贷款						
原材料入库	17		17	17	17	
购买厂房						
新建/在建生产线						
生产线转产						

续表

初始所有者权益	86	第一季	第二季	第三季	第四季
生产线变卖					
紧急采购					
下一批生产		5	5	5	5
应收款前现金缺口		正常	正常	正常	正常
更新应收款		43	40	27	
按订单交货(账期)		36	41		
产品研发					
厂房处理(包括租用)		5			
出售库存					
新市场开拓					1
ISO资格认证					
计提折旧					20
设备维护费用					5
支付行政管理费		1	1	1	1
季末现金		87	145	149	120

1.甲公司第一季度缴纳去年实现盈利应交的所得税7M;支付长期贷款利息18M;偿还短期贷款15M以及短期贷款利息1M;收回应收账款43M;按订单S443-01(零账期)、S424-04交货,收到销售收入36M;支付厂房租金5M。

2.甲公司第二季度收回应收账款40M;按订单S413-07(零账期)交货,收到41M。

3.甲公司第三季度收回应收账款27M。

4.甲公司第四季度支付国际市场开拓费1M;支付设备维护费5M;全年支付行政管理费4M。

5.甲公司生成第四年末报表,如表3-1-40、表3-1-41、表3-1-42所示:

表3-1-40 甲公司第四年综合费用表

单位:M

项目	金额
管理费	4
广告费	8
维护费	5

续表

项目	金额
损失	0
转产费	0
厂房租金	5
市场开拓费	1
ISO认证费	0
产品研发费	0
信息费	0
合计	23

表3-1-41　甲公司第四年利润表

单位:M

项目	金额
一、销售收入	259
减:直接成本	106
二、毛利	153
减:综合费用	23
三、折旧前利润	130
减:折旧费	20
四、息前利润	110
减:财务费用	19
五、税前利润	91
减:所得税费用	23
六、净利润	68

表3-1-42　甲公司第四年资产负债表

单位:M

项目	上年数	本年数	项目	上年数	本年数
现金	85	120	长期负债	180	180
应收款	83	155	短期负债	15	0
在产品	22	22	应交税金	7	23

项目	上年数	本年数	项目	上年数	本年数
产成品	18	0	—	—	—
原材料	0	0	—	—	—
流动资产合计	208	297	负债合计	202	203
厂房	0	0	股东资本	60	60
生产线	80	60	利润留存	5	26
在建工程	0	0	年度净利	21	68
非流动资产合计	80	60	所有者权益合计	86	154
资产总计	288	357	负债和所有者权益总计	288	357

(三)乙公司在第四年的经营过程如表3-1-43所示。

表3-1-43　乙公司第四年运营表

单位:M

初始所有者权益	36		第一季	第二季	第三季	第四季
年度规划(年初现金)			28			
贴现		1Q				
		2Q				
		3Q				
		4Q				
贴息						
信息费						
广告费			4			
应交税金						
长期贷款利息			7			
偿还长期贷款						
申请长期贷款						
季初现金			17	21	42	71
还短期贷款						
支付利息						

续表

初始所有者权益	36	第一季	第二季	第三季	第四季
申请短期贷款					
原材料入库		6		6	6
购买厂房					
新建/在建生产线					
生产线转产					
生产线变卖					
紧急采购					
下一批生产		2		3	2
应收款前现金缺口		正常	正常	正常	正常
更新应收款			22	18	
按订单交货(零账期)		18		21	
产品研发					
厂房处理(包括租用)		5			
出售库存					
新市场开拓					1
ISO资格认证					
计提折旧					5
设备维护费用					5
支付行政管理费		1	1	1	1
季末现金		21	42	71	56

1.乙公司第一季度支付厂房租金5M;支付长期贷款利息7M;按订单S432-06(零账期)、S443-02(零账期)交货,取得销售收入18M。

2.乙公司第二季度收回去年应收账款22M。

3.乙公司第三季度收回应收账款18M,并按订单S422-04(零账期)交货,收到21M。

4.乙公司年末支付国际市场开拓费1M;支付设备维护费5M;全年支付行政管理费4M。

5.乙公司生成第四年末报表,如表3-1-44、表3-1-45、表3-1-46所示:

表3-1-44　乙公司第四年综合费用表

单位:M

项目	金额
管理费	4
广告费	4
维护费	5
损失	0
转产费	0
厂房租金	5
市场开拓费	1
ISO认证费	0
产品研发费	0
信息费	0
合计	19

表3-1-45　乙公司第四年利润表

单位:M

项目	金额
一、销售收入	69
减:直接成本	28
二、毛利	41
减:综合费用	19
三、折旧前利润	22
减:折旧费	5
四、息前利润	17
减:财务费用	7
五、税前利润	10
减:所得税费用	0
六、净利润	10

表3-1-46　乙公司第四年资产负债表

单位:M

项目	上年数	本年数	项目	上年数	本年数
现金	28	56	长期负债	67	67
应收款	40	30	短期负债	0	0
在产品	17	17	应交税金	0	0
产成品	3	0	—	—	—
原材料	0	0	—	—	—
流动资产合计	88	103	负债合计	67	67
厂房	0	0	股东资本	60	60
生产线	15	10	利润留存	−35	−24
在建工程	0	0	年度净利	11	10
非流动资产合计	15	10	所有者权益合计	36	46
资产总计	103	113	负债和所有者权益总计	103	113

六、第五年经营

(一)投入广告费,抢夺订单

1.甲公司在本年投入广告费5M,取得订单S523-04、S533-04、S543-03、S534-01、S554-01,如表3-1-47、表3-1-48所示。

表3-1-47　甲公司第五年广告投放表

单位:M

	本地	区域	国内	亚洲	国际	竞单
P1						
P2						
P3		1	1	1		
P4			1		1	

表3-1-48　甲公司第五年订单登记表

订单号	产品	数量	交期	账期	销售额	实际交货期
S523-04	P3	4	2	1	40M	第二季
S533-04	P3	4	4	0	34M	第三季
S543-03	P3	4	4	4	36M	第四季
S534-01	P4	3	4	0	36M	第四季
S554-01	P4	4	2	3	44M	第二季

2.乙公司投入广告费1M,只取得订单S542-07,如表3-1-49、表3-1-50所示。

表3-1-49　乙公司第五年广告投放表

单位:M

	本地	区域	国内	亚洲	国际	竞单
P1						
P2				1		
P3						
P4						

表3-1-50　乙公司第五年订单登记表

订单号	产品	数量	交期	账期	销售额	实际交货期
S542-07	P2	3	3	2	23	第二季

(二)甲公司在第五年的经营过程如表3-1-51所示。

表3-1-51　甲公司第五年运营表

单位:M

初始所有者权益	154	第一季	第二季	第三季	第四季
年度规划(年初现金)		120			
贴现	1Q				
	2Q				
	3Q				
	4Q				
贴息					
信息费					
广告费		5			

续表

初始所有者权益	154	第一季	第二季	第三季	第四季
应交税金	23				
长期贷款利息	18				
偿还长期贷款					
申请长期贷款					
季初现金	74	85	113	229	
还短期贷款					
支付利息					
申请短期贷款					
原材料入库	17	17	17	17	
购买厂房					
新建/在建生产线					
生产线转产					
生产线变卖					
紧急采购					
下一批生产	5	5	5	5	
应收款前现金缺口	正常	正常	正常	正常	
更新应收款	39	51	105		
按订单交货(零账期)			34	36	
产品研发					
厂房处理(包括租用)	5				
出售库存					
新市场开拓					
ISO 资格认证					
计提折旧				20	
设备维护费用				5	
支付行政管理费	1	1	1	1	
季末现金	85	113	229	237	

1.甲公司第一季度缴纳上年盈利应交的企业所得税23M;支付长期贷款利息15M;支付厂房租金5M;收回应收账款39M。

2.第二季度收回应收账款51M,按订单S523-04、S554-01交货,产生应收账款84M。

3.第三季度收回应收账款105M,按订单S533-04交货(零账期),取得销售收入34M。

4.第四季度按订单S543-03、S534-01交货(零账期),取得销售收入36M,新增应收账款36M;支付设备维护费5M;全年支付行政管理费4M。

5.甲公司生成第五年末报表,如表3-1-52、表3-1-53、表3-1-54所示:

表3-1-52 甲公司第五年综合费用表

单位:M

项目	金额
管理费	4
广告费	5
维护费	5
损失	0
转产费	0
厂房租金	5
市场开拓费	0
ISO认证费	0
产品研发费	0
信息费	0
合计	19

表3-1-53 甲公司第五年利润表

单位:M

项目	金额
一、销售收入	190
减:直接成本	83
二、毛利	107
减:综合费用	19
三、折旧前利润	88
减:折旧费	20
四、息前利润	68
减:财务费用	18

续表

项目	金额
五、税前利润	50
减：所得税费用	13
六、净利润	37

表3-1-54　甲公司第五年资产负债表

单位：M

项目	上年数	本年数	项目	上年数	本年数
现金	120	237	长期负债	180	180
应收款	155	80	短期负债	0	0
在产品	22	22	应交税金	23	13
产成品	0	5	—	—	—
原材料	0	0	—	—	—
流动资产合计	297	344	负债合计	203	193
厂房	0	0	股东资本	60	60
生产线	60	40	利润留存	26	94
在建工程	0	0	年度净利	68	37
非流动资产合计	60	40	所有者权益权益合计	154	191
资产总计	357	384	负债和所有者权益总计	357	384

（三）乙公司在第五年的经营过程如表3-1-55所示。

表3-1-55　乙公司第五年运营表

单位：M

初始所有者权益	46	第一季	第二季	第三季	第四季
年度规划(年初现金)		56			
贴现	1Q				
	2Q				
	3Q				
	4Q				
贴息					
信息费					

续表

初始所有者权益	46	第一季	第二季	第三季	第四季
广告费		1			
应交税金					
长期贷款利息		7			
偿还长期贷款					
申请长期贷款					
季初现金		48	42	62	53
还短期贷款					
支付利息					
申请短期贷款					
原材料入库			6	6	
购买厂房					
新建/在建生产线					
生产线转产					
生产线变卖					
紧急采购					
下一批生产			3	2	
应收款前现金缺口		正常	正常	正常	正常
更新应收款			30		23
按订单交货(零账期)					
产品研发					
厂房处理(包括租用)		5			
出售库存					
新市场开拓					
ISO资格认证					
计提折旧					5
设备维护费用					5
支付行政管理费		1	1	1	1
季末现金		42	62	53	70

1.乙公司第一季度支付长期贷款利息7M;支付厂房租金5M。

2.乙公司第二季度收回应收账款30M,按订单S542-07交货,新增应收账款23M。

3.乙公司第四季度收回应收账款23M;支付设备维护费5M;全年支付行政管理费4M。

4.乙公司生成第五年末报表,如表3-1-56、表3-1-57、表3-1-58所示:

表3-1-56　乙公司第五年综合费用表

单位:M

项目	金额
管理费	4
广告费	1
维护费	5
损失	0
转产费	0
厂房租金	5
市场开拓费	0
ISO认证费	0
产品研发费	0
信息费	0
合计	15

表3-1-57　乙公司第五年利润表

单位:M

项目	金额
一、销售收入	23
减:直接成本	9
二、毛利	14
减:综合费用	15
三、折旧前利润	−1
减:折旧费	5
四、息前利润	−6
减:财务费用	7
五、税前利润	−13
减:所得税费用	0
六、净利润	−13

表3-1-58　乙公司第五年资产负债表

单位:M

项目	上年数	本年数	项目	上年数	本年数
现金	56	70	长期负债	67	67
应收款	30	0	短期负债	0	0
在产品	17	17	应交税金	0	0
产成品	0	8	—	—	—
原材料	0	0	—	—	—
流动资产合计	103	95	负债合计	67	67
厂房	0	0	股东资本	60	60
生产线	10	5	利润留存	-24	-14
在建工程	0	0	年度净利	10	-13
非流动资产合计	10	5	所有者权益合计	46	33
资产总计	113	100	负债和所有者权益总计	113	100

七、第六年经营

(一)投入广告费、抢夺订单

1. 甲公司投入8M广告费用,取得订单S613-03、S633-04、S643-06、S653-03、S614-03、S624-01、S654-05、S654-05、S634-03,如表3-1-59、表3-1-60所示。

表3-1-59　甲公司第六年广告投放表

单位:M

	本地	区域	国内	亚洲	国际	竞单
P1						
P2						
P3	1		1	1	1	
P4	1	1	1		1	

表3-1-60　甲公司第六年订单登记表

订单号	产品	数量	交期	账期	销售额	实际交货期
S613-03	P3	3	1	0	29M	第一季
S633-04	P3	3	4	0	27M	第二季
S643-06	P3	3	4	0	28M	第四季

续表

订单号	产品	数量	交期	账期	销售额	实际交货期
S653-03	P3	3	3	2	26M	第三季
S614-03	P4	3	3	1	36M	第三季
S624-01	P4	2	3	0	25M	第一季
S654-05	P4	3	4	0	30M	第四季
S634-03	P4	1	3	0	13M	第一季

2.乙公司投入广告费4M,获得订单S652-04、S632-06、S613-07、S633-04,如表3-1-61、表3-1-62所示。

表3-1-61　乙公司第六年广告投放表

单位:M

	本地	区域	国内	亚洲	国际	竞单
P1						
P2			1		1	
P3	1		1			
P4						

表3-1-62　乙公司第六年订单登记表

订单号	产品	数量	交期	账期	销售额	实际交货期
S652-04	P2	3	4	4	28M	第一季
S632-06	P2	3	4	4	23M	第四季
S613-07	P3	2	2	2	19M	第一季
S633-04	P3	2	4	4	21M	第二季

(二)甲公司在第六年的经营过程如表3-1-63所示。

表3-1-63　甲公司第六年运营表

单位:M

初始所有者权益	191	第一季	第二季	第三季	第四季
年度规划(年初现金)		237			
贴现	1Q				
	2Q				
	3Q				
	4Q				

续表

初始所有者权益	191	第一季	第二季	第三季	第四季
贴息					
信息费					
广告费		8			
应交税金		13			
长期贷款利息		18			
偿还长期贷款		180			
申请长期贷款		393			
季初现金		411	319	323	300
还短期贷款					
支付利息					
申请短期贷款					
原材料入库		17	17	17	17
购买厂房		80			
新建/在建生产线		100			
生产线转产					
生产线变卖					
紧急采购					
下一批生产		5	5	5	5
应收款前现金缺口		正常	正常	正常	正常
更新应收款		44			72
按订单交货(零账期)		67	27		58
产品研发					
厂房处理(包括租用)					
出售库存					
新市场开拓					
ISO资格认证					
计提折旧					20
设备维护费用					5
支付行政管理费		1	1	1	1
季末现金		319	323	300	402

1.甲公司第一季度缴纳去年盈利应交的所得税13M；偿还长期贷款180M；申请长期贷款393M；大厂房租期到期，购买两间大厂房支付80M（2×40M）；购买5条柔性生产线支付100M；收回应收账款44M；按订单S613-03（零账期）、S624-01（零账期）、S634-03（零账期）交货，收到销售收入67M。

2.甲公司第二季度按订单S633-04（零账期）交货，收到销售款27M。

3.甲公司第三季度按订单S653-03、S614-03交货，新增应收账款62M。

4.甲公司第四季度收到应收账款72M；按订单S643-06（零账期）、S654-05（零账期）交货，收到销售收入58M；支付设备维护费5M；全年支付行政管理费用4M。

5.甲公司生成第六年末报表，如表3-1-64、表3-1-65、表3-1-66所示。

表3-1-64 甲公司第六年综合费用表

单位：M

项目	金额
管理费	4
广告费	8
维护费	5
损失	0
转产费	0
厂房租金	0
市场开拓费	0
ISO认证费	0
产品研发费	0
信息费	0
合计	17

表3-1-65 甲公司第六年利润表

单位：M

项目	金额
一、销售收入	214
减：直接成本	93
二、毛利	121
减：综合费用	17
三、折旧前利润	104

续表

项目	金额
减:折旧费	20
四、息前利润	84
减:财务费用	18
五、税前利润	66
减:所得税费用	17
六、净利润	49

表3-1-66　甲公司第六年资产负债表

单位:M

项目	上年数	本年数	项目	上年数	本年数
现金	237	402	长期负债	180	393
应收款	80	26	短期负债	0	0
在产品	22	22	应交税金	13	17
产成品	5	0	—	—	—
原材料	0	0	—	—	—
流动资产合计	344	450	负债合计	193	410
厂房	0	80	股东资本	60	60
生产线	40	20	利润留存	94	131
在建工程	0	100	年度净利	37	49
非流动资产合计	40	200	所有者权益合计	191	240
资产总计	384	650	负债和所有者权益总计	384	650

(三)乙公司在第六年的经营过程如表3-1-67所示。

表3-1-67　乙公司第六年运营表

单位:M

初始所有者权益		33	第一季	第二季	第三季	第四季
年度规划(年初现金)			70			
贴现	1Q					
	2Q					
	3Q					
	4Q					

续表

初始所有者权益	33	第一季	第二季	第三季	第四季
贴息					
信息费					
广告费		4			
应交税金					
长期贷款利息		7			
偿还长期贷款					
申请长期贷款		32			
季初现金		91	76	67	85
还短期贷款					
支付利息					
申请短期贷款					
原材料入库		6	6		6
购买厂房					
新建/在建生产线					
生产线转产					
生产线变卖					
紧急采购					
下一批生产		3	2		3
应收款前现金缺口		正常	正常	正常	正常
更新应收款				19	
按订单交货(零账期)					
产品研发					
厂房处理(包括租用)		5			
出售库存					
新市场开拓					
ISO资格认证					
计提折旧					
设备维护费用					5
支付行政管理费		1	1	1	1
季末现金		76	67	85	70

1.乙公司第一季度支付长期贷款利息7M;申请长期贷款32M;支付厂房租金5M;按订单S652-04、S613-07交货,产生应收账款47M。

2.乙公司第二季度按订单S633-04交货,新增应收账款21M。

3.乙公司第三季度收回应收账款19M。

4.乙公司第四季度按订单S632-06交货,产生应收账款23M;支付设备维护费用5M;支付全年行政管理费用4M。

5.乙公司生成第六年末报表,如表3-1-68、表3-1-69、表3-1-70所示。

表3-1-68 乙公司第六年综合费用表

单位:M

项目	金额
管理费	4
广告费	4
维护费	5
损失	0
转产费	0
厂房租金	5
市场开拓费	0
ISO认证费	0
产品研发费	0
信息费	0
合计	18

表3-1-69 乙公司第六年利润表

单位:M

项目	金额
一、销售收入	91
减:直接成本	34
二、毛利	57
减:综合费用	18
三、折旧前利润	39
减:折旧费	0

续表

项目	金额
四、息前利润	39
减:财务费用	7
五、税前利润	32
减:所得税费用	1
六、净利润	31

表3-1-70 乙公司第六年资产负债表

单位:M

项目	上年数	本年数	项目	上年数	本年数
现金	70	70	长期负债	67	99
应收款	0	72	短期负债	0	0
在产品	17	17	应交税金	0	1
产成品	8	0	—	—	—
原材料	0	0	—	—	—
流动资产合计	95	159	负债合计	67	100
厂房	0	0	股东资本	60	60
生产线	5	5	利润留存	-14	-27
在建工程	0	0	年度净利	-13	31
非流动资产合计	5	5	所有者权益合计	33	64
资产总计	100	164	负债和所有者权益总计	100	164

八、结果评比

经过六年经营对战,甲公司实现了规模扩张,权益合计为240M,乙公司的最终权益合计为64M,在本次沙盘模拟对战中甲公司取得了最终的胜利。

任务小结

在1~6年的模拟经营对战中,甲公司采用了大胆而冒险的经营思路,在真实的市场环境中高回报又何尝不是伴随着高风险呢?

乙公司采取稳健的策略,规避风险、降低成本、寻求机遇。切记充分分析你的对手,把握住对手失误的瞬间,一举将市场拿下。

任务拓展

在犯错中学习

沙盘模拟中你没有实质的经济损失,但能深刻理解到决策失误、执行不够,甚至更低级的错误给你带来的警醒和震撼。

模拟中犯错越多,学到的东西就会越多,对以后的实际经营的帮助越大。

学会团队协作,习惯群众决策,这个时代不再是一个英雄打天下的时代,你要时刻记住你不是一个人在战斗,企业越成熟就越需要团队的智慧和力量。

任务二 复盘分析沙盘

任务目标

1.对经营企业的营销、生产、财务以及采购等业务进行有效的讨论。

2.能通过复盘经营企业的各种业务处理分析判断和决策得失。

3.将只追求结果转变为享受比赛过程,从而更为感性地理解沙盘对相关管理理论的精炼。

任务描述

小林和朋友们通过6年的沙盘对战演练后,分出了胜负。但是成功在哪儿,失败又在哪儿,大家你一言我一语,谁都说不出个所以然。因此,我们将棋类运动中的复盘概念引入沙盘实践,分析甲、乙两个企业每一年的业务决策操作,总结失败的教训和成功的经验,从而提高未来实战成功的可能性。

任务准备

通过复盘两队6年中每一年经营的具体操作,对比分析甲、乙两队对营销、生产和研发、财务、采购等业务采取的不同策略,总结失败的教训和成功的经验。

1.复盘分析第一年经营;

2.复盘分析第二年经营;

3.复盘分析第三年经营;

4.复盘分析第四年经营;

5.复盘分析第五年经营;

6.复盘分析第六年经营。

任务实施

在具体复盘甲、乙两企业6年对战演练之前,我们放下对战结果,收拾好心情,回到企业经营的最开始,先一起完成以下两项活动,如表3-2-1所示:

表3-2-1　复盘前的两项活动

活动	内容	目的	甲企业	乙企业
回顾	企业的起始目标是什么;企业的关键步骤有哪些	梳理事实,整理数据		
审思	企业为什么做出这些决策;企业还有其他决策方案吗	反思决策,总结规律		

复盘可以根据业务环节最重要的四个环节围绕"营销、生产和研发、财务、采购"四组问题来分析探索,如表3-2-2所示:

表3-2-2　复盘分析问题一览表

序号	业务	具体问题
1	营销	是否浪费了市场或产品开发费用;是否充分挖掘已有市场或产品的潜力;是否缺乏对竞争对手的全面分析
2	生产和研发	是否因产能不足无法交单;是否出现产能过剩;是否缺乏与相关业务部门的沟通
3	财务	是否现金不足或现金过剩;是否缺乏对经营过程中必要的财务分析;是否投、融资失当
4	采购	是否发生停工待料;是否发生计划外紧急采购原材料的现象;是否发生原材料占用现金过多现象

注:研发决策并入生产业务分析。

一、复盘分析第一年经营

1.甲公司情况,如表3-2-3所示:

表3-2-3　甲公司第一年复盘分析

业务	决策与处理	分析
营销		根据企业目标,结合对市场以及产品的全面分析,最大限度地挖掘了市场和产品的潜力,第一年全线展开,同时开拓4个市场,研发P3、P4两种潜力最佳的产品,以及研发两种认证。为以后的企业营销目标,开启全面部署,期待后续贯彻执行力
生产和研发	1.购买5条柔性线(5×20M); 2.租用大厂房(5M/年); 3.研发P3、P4产品; 4.4个市场同时开拓; (区域市场已完成)、两种认证同时研发(ISO9000已完成)	1.第一年第一季度就购买5柔性线是非常大胆的做法,柔性线特别好用,生产周期只有1季,且生产产品不用转产,生产效率高。但是前期投入大,柔性线价格高,且安装周期大多为4季,期间不能生产任何产品; 2.租用大厂房,是比较合理且聪明的做法,企业将资金投入在生产线的建设上,就没有必要再过多地投入到厂房的购买,租用比起购买来说很划算; 3.研发P3、P4两种产品的做法是充分分析了市场的需求,以及企业发展的潜力,P3、P4虽成本高但是销售价格更高,结合柔性线的高效率,在不远的将来一定为企业带来可观的经济利益;(其他企业没开发,抢不到订单;没有柔性线、效率低,生产产品数量受限) 4.同时开拓4个市场、研发2种认证也是分析了产品趋势后的前瞻性做法
财务	申请长期贷款180M	第一年一开始就申请最高额度且期限为5年的长期贷款(60M×3=180M),这是在大胆的企业目标下做了充分的财务分析,为了保证企业在这一年的经营中能有充足的现金,但是有较高的风险。相对于短期贷款的到期一次还本付息来说长期贷款虽然利息高于短期贷款,但年底付息、到期还本,不会为每年还本付息发愁
采购	购买了R1、R2、R3、R4所有种类的原材料	1.根据企业的目标决策,5条柔性生产线正在建设,期间不能进行生产,企业在这时合理购入4种原材料,为后续生产提供助力; 2.没有发生计划外的紧急采购原材料现象,且购买的原材料数量合理,没有占用过多现金

2、乙公司情况，如表3-2-4所示：

表3-2-4　乙公司第一年复盘分析

业务	决策与处理	分析
营销		乙企业采用的是相对保守的经营目标，结合对市场以及产品分析，第一年同时开拓4个市场，研发P2、P3的是两种相对比较有潜力的产品，也同时研发两种认证。较甲企业而言没有充分挖掘各产品的潜力，或者说是缺乏对竞争对手的全面分析
生产和研发	1.购买并安装完成5条手工线(5×5M)，在第三季度开始生产3个P2产品，在第四季度生产2个P3产品； 2.租用大厂房(5M/年)； 3.完成P2、P3两种产品的研发； 4.4个市场同时开拓(区域市场已完成)、2种认证同时研发(ISO9000已完成)	1.第一年第一季度就购买5条手工线，可以看出乙企业是想建设好生产线，尽快开始生产产品，希望在产品市场占有仗上打响第一枪。所以当P2、P3产品研发成功，所需的原材料刚好到位，就马上进行了生产，没有一条生产线空余； 2.租用大厂房，是比较合理且聪明的做法，企业没有申请长期贷款，所以对于现金的使用就更要精打细算，没有必要再过多地投入到厂房的购买，租用比起购买来说很划算； 3.研发P2、P3两种产品的做法是分析了市场的需求后，结合企业战略目标的结果。P2、P3产品研发较快，配合购买且不需安装周期的手工线，乙企业能尽快进行生产，这充分利用了企业的产能，以后在抢到订单后能按时交出产品才是硬道理； 4.同时开拓4个市场、研发2种认证也是分析了产品趋势后的前瞻性做法
财务	短期贷款29M	乙企业期初对自己的资金进行了精准的预算，预算为前三季度自有资金足够支付，第四季度申请短期贷款29M，说明乙企业在资金方面精打细算
采购	购买了R1、R2、R3这3种原材料	合理购进了3种原材料，没有停工待料也没有紧急采购的情况发生

二、复盘分析第二年经营

1.甲公司情况，如表3-2-5所示：

表3-2-5　甲公司第二年复盘分析

业务	决策与处理	分析
营销	投入广告费7M，取得5笔订单，产品全部集中在P3、P4上	1.年初甲企业现金有107M，综合考虑后拿出7M投入广告，广告费集中在本地和区域的P3、P4上； 2.因为第一年重点研发了P3、P4产品，投入广告争取订单才不会浪费开发费用；又因为经过一年已完成了区域市场的开发，所以赶快投广告抢占市场先机； 3.结合原材料的到库情况和预估生产线的生产能力，合理选择了5笔订单

续表

业务	决策与处理	分析
生产 和研发	1.生产产品5件,交货5件; 2.继续3个市场同时开拓(区域市场已完成)、研发ISO14000(ISO9000已完成)	1.年初5条柔性线已全面完工,原材料也陆续到库,所以每一季度都同时生产5件产品,生产效率极高,充分利用了企业产能,保证能够按时交货; 2.继续开拓市场和研发ISO认证,一切朝着企业利润最大化的目标进发
财务	1.按订单交货,收回货款18M(0)+33M(1Q,第4季度收回),有账期的货款29M(2Q)+37M(2Q)+32M(2Q)	在这一年的经营中,甲企业没有出现现金不足的情况,这是因为在选单的时候,综合考虑到了订单的金额、账期因素,说明了财务分析的必要性
采购	1.采购的原材料到库; 2.下原材料订单	1.上一年度下的原材料订单,这一年度陆续到库,保证了企业的有序生产; 2.为后续生产提供足够的原材料,杜绝出现停工待料和计划外紧急采购原材料的现象

2.乙公司情况,如表3-2-6所示:

表3-2-6　乙公司第二年复盘分析

业务	决策与处理	分析
营销	投入广告费7M,取得2笔订单,产品全部集中在P2、P3上	1.年初乙企业现金有19M,谨慎考虑后拿出2M投入广告,广告费集中在本地P2、P3上; 2.因为第一年重点研发了P2、P3产品,广告投入争取订单才不会浪费开发费用。因为企业能支配的现金太少,所以在已开发的区域市场并没有投入广告费; 3.结合原材料的到库情况和预估生产线的生产能力,合理选择了2笔订单
生产 和研发	1.完工产品5件,在产品5件; 2.继续3个市场同时开拓(区域市场已完成)、研发ISO14000(ISO9000已完成)	1.根据订单和在产品的预估情况,企业应该能有条不紊地生产,按时按量交货;(3P2在第一季度完工,2P3在第三季度完工) 2.继续开拓市场和研发ISO认证
财务	1.申请长期贷款67M(总额不超过所有者权益3倍); 2.到期还本付息29M+1M; 3.申请短期贷款29M	1.年初的现金扣除广告费2M后还剩17M,为了企业能持续经营下去,申请长期贷款67M(已经是最大额度了); 2.到了第四季度时,上一年借的短期贷款应该还本付息,需要现金30M(29M+1M); 3.由于资金不够,继续申请短期贷款(29M); 4.在这一年度中,乙企业就出现了2次现金不足的情况,说明在本年度经营之初缺乏有效的财务分析

续表

业务	决策与处理	分析
采购	1.采购的原材料到库； 2.购买了 R1、R2、R3 这3种原材料	1.上一年度下的原材料订单，这一年度陆续到库，保证了企业的有序生产； 2.为后续生产提供足够的原材料，杜绝出现停工待料和计划外紧急采购原材料的现象

三、复盘分析第三年经营

1.甲公司情况，如表3-2-7所示：

表3-2-7 甲公司第三年复盘分析

业务	决策与处理	分析
营销	投入广告费7M，取得5笔订单，产品全部集中在P3、P4上	1.年初甲企业现金有27M，甲企业依然大胆地拿出7M投入广告，广告费侧重在本地和区域的P3、P4上，国内也有涉及； 2.结合原材料的到库情况和预估生产线的生产能力，合理选择了5笔订单
生产和研发	1.按计划生产产品，按订单交货； 2.继续开发亚洲市场和国际市场（其他市场和认证研发成功）	1.每季均根据订单采购原料，并开展生产，生产效率极高，充分利用了企业产能，保证能够按时交货； 2.继续开拓市场，一切朝着企业利润最大化的目标前进
财务	1.支付所得税2M； 2.支付长期贷款利息18M，申请短期贷款15M； 3.按订单交货，收回货款19M+74M+34M+26M，应收账款增加40M	1.2M利润总额扣掉以前年度亏损以后为应纳税所得额； 2.支付长期贷款利息后，资金出现短缺，贴现应收账款24M，贴息3M（贴现率为12.5%）。现金还不够，同时申请短期贷款15M（第二季度能收回应收账款，所以不多贷），说明了财务分析的必要性
采购	1.采购的原材料到库； 2.下原材料订单	1.上一年度下的原材料订单，这一年度陆续到库，保证了企业的有序生产； 2.为后续生产提供足够的原材料，杜绝出现停工待料和计划外紧急采购原材料的现象

2.乙公司情况,如表3-2-8所示:

表3-2-8　乙公司第三年复盘分析

业务	决策与处理	分析
营销	投入广告费3M,取得3笔订单,产品全部集中在研发的P2、P3上	1.本年初乙企业现金有66M,经分析后拿出3M投入广告,分别投在P2(区域)、P2(国内)、P3(国内); 2.结合原材料的到库情况和预估生产线的生产能力,合理选择了3笔订单
生产和研发	1.按计划生产产品,按订单交货; 2.继续开发亚洲市场和国际市场(其他市场和认证研发成功)	1.根据订单和在产品的预估情况,企业应该能有条不紊的生产,按时按量交货; 2.继续开拓市场和研发ISO认证
财务	1.短期贷款到期还本付息29M+1M; 2.收回应收账款18M,取得订单收入26M	按时归还短期贷款本金及利息,收回应收账款及货款,整个经营没有出现现金不足的情况
采购	1.采购的原材料到库; 2.购买了R1、R2、R3这3种原材料	1.上一年度下的原材料订单,这一年度陆续到库,保证了企业的有序生产; 2.为后续生产提供足够的原材料,杜绝出现停工待料和计划外紧急采购原材料的现象

四、复盘分析第四年经营

1.甲公司情况,如表3-2-9所示:

表3-2-9　甲公司第四年复盘分析

业务	决策与处理	分析
营销	投入广告费8M,取得7笔订单,产品全部集中在研发的P3、P4上	1.年初甲企业现金有85M,甲企业豪气地拿出8M投入广告,广告费分布在P3、P4以及所有已开拓的市场; 2.结合原材料的到库情况和预估生产线的生产能力,合理选择了7笔订单
生产和研发	1.按计划生产产品,按订单交货; 2.继续开发国际市场(其他市场和认证已研发成功)	1.每季均根据订单采购原料,并开展生产,生产效率极高,充分利用了企业产能,保证能够按时交货; 2.继续开拓市场,一切朝着企业利润最大化的目标前进

业务	决策与处理	分析
财务	1. 支付企业所得税7M； 2. 支付长期贷款利息18M，偿还短期贷款15M+1M； 3. 按订单交货，收回货款43M+36M+40M+41M+27M	1. 7M企业所得税说明上一年度盈利不错； 2. 支付了长期贷款利息，偿还了短期贷款和利息，没有出现现金不足的情况
采购	1. 采购的原材料到库； 2. 下原材料订单	1. 上一年度下的原材料订单，这一年度陆续到库，保证了企业的有序生产； 2. 为后续生产提供足够的原材料，杜绝出现停工待料和计划外的紧急采购原材料的现象

2. 乙公司情况，如表3-2-10所示：

表3-2-10　乙公司第四年复盘分析

业务	决策与处理	分析
营销	投入广告费4M，取得4笔订单，产品全部集中在P2、P3上	1. 本年初乙企业现金有28M，经分析后拿出3M投入广告，分别投在P2(区域)、P2(国内)、P3(本地)、P3(亚洲)； 2. 结合原材料的到库情况和预估生产线的生产能力，合理选择了3笔订单
生产和研发	1. 按计划生产产品，按订单交货； 2. 继续开发国际市场(其他市场和认证已研发成功)	1. 根据订单和在产品的预估情况，企业应该能有条不紊地生产，按时按量交货； 2. 继续开拓市场，为企业以后持续健康发展提供助力
财务	1. 支付长期贷款利息7M； 2. 收回货款18M+22M+18M+21M	1. 乙企业上年盈利未弥补完以前年度亏损； 2. 没有出现现金不足影响企业生产经营的情况
采购	1. 采购的原材料到库； 2. 购买了R1、R2、R3这3种原材料	1. 上一年度下的原材料订单，这一年度陆续到库，保证了企业的有序生产； 2. 为后续生产提供足够的原材料，杜绝出现停工待料和计划外紧急采购原材料的现象

五、复盘分析第五年经营

1.甲公司情况,见表3-2-11所示:

表3-2-11　甲公司第五年复盘分析

业务	决策与处理	分析
营销	投入广告费5M,取得5笔订单	1.年初甲企业现金有120M,甲企业拿出5M投入广告,广告费未投本地,而是分布在P3(区域、国内、亚洲)、P4(国内、国际); 2.结合原材料的到库情况和预估生产线的生产能力,合理选择了5笔订单
生产和研发	1.按计划生产产品,按订单交货; 2.完成了所有市场和ISO认证	1.每季均根据订单采购原料,并开展生产,生产效率极高,充分利用了企业产能,保证能够按时交货; 2.取得了所有市场的ISO认证的资格,以后投广告选单,参与度自由度更高,不会再被市场、认证所限
财务	1.支付企业所得税23M; 2.支付长期贷款利息18M; 3.按订单交货,收到货款39M+51M+105M+34M,应收账款增加84M+36M;	1.支付企业所得税23M比起上一年度增加了16M,说明企业盈利能力持续提升,态势良好; 2.支付了长期贷款利息,没有出现现金不足的情况,订单选取合理,每季度现金都有喜人的增长
采购	1.采购的原材料到库; 2.下原材料订单	1.上一年度下的原材料订单,这一年度陆续到库,保证了企业的有序生产; 2.为后续生产提供足够的原材料,杜绝出现停工待料和计划外紧急采购原材料的现象

2.乙公司情况,见表3-2-12所示:

表3-2-12　乙公司第五年复盘分析

业务	决策与处理	分析
营销	投入广告费1M,取得1笔订单	1.本年初乙企业现金有56M,经分析后仅仅拿出1M投入广告,投在P2(亚洲); 2.结合产成品情况P2(1个)和预估生产线的生产能力,合理选择了1笔订单避免了紧急采购或违约交货的风险,但是也体现了乙企业手工线生产周期长,生产效率不高的短板,以及对市场分析不透彻

续表

业务	决策与处理	分析
生产和研发	1.按计划生产产品,按订单交货; 2.完成了所有市场和ISO认证	1.根据订单和在产品的预估情况,企业应该能有条不紊地生产,但是也体现出手工线相较于柔性线产能低的缺点; 2.取得了所有市场的ISO认证的资格,以后投广告选单,参与度与自由度更高,不会再被市场、认证所限
财务	1.支付长期贷款利息7M; 2.收回应收账款30M+23M,新增应收账款23M	1.未支付企业所得税,说明以前年度的亏损还未全部得到弥补; 2.在这一年的生产经营中没有出现现金不足的情况
采购	1.采购的原材料到库; 2.购买了R1、R2、R3这3种原材料	1.上一年度下的原材料订单,这一年度陆续到库,保证了企业的有序生产; 2.为后续生产提供足够的原材料,杜绝出现停工待料和计划外紧急采购原材料的现象

六、复盘分析第六年经营

1.甲公司情况,如表3-2-13所示:

表3-2-13　甲公司第六年复盘分析

业务	决策与处理	分析
营销	投入广告费8M,取得8笔订单	1.年初甲企业现金有237M,甲企业经分析后的拿出8M投入广告,各个市场均有涉及; 2.结合原材料的到库、产成品完工情况和预估生产线的产能,合理选择了8笔订单
生产和研发	1.购买2件大厂房和购买5条柔性线; 2.按计划生产产品,按订单交货	依循甲企业利润最大化目标,在企业持续盈利的势头上,积极购进厂房(2件,大)、设备(5条,柔性线,产能高),扩大生产规模,争取让企业发展上一个新台阶
财务	1.支付企业所得税13M; 2.偿还长期贷款180M,并马上申请长期贷款393M; 3.按订单交货	1.支付所得税,说明企业继续盈利; 2.按期归还长期贷款,随后再申请长期贷款,保证企业扩大化的生产经营顺利进行; 3.按计划生产产品,按时按量交货
采购	1.采购的原材料到库; 2.下原材料订单	1.上一年度下的原材料订单,这一年度陆续到库,保证了企业的有序生产; 2.为后续生产提供足够的原材料,杜绝出现停工待料和计划外紧急采购原材料的现象

2.乙公司情况,如表3-2-14所示:

表3-2-14　乙公司第六年复盘分析

业务	决策与处理	分析
营销	投入广告费4M,取得4笔订单	1.本年初乙企业现金有70M,经分析后拿出4M投入广告,分别投在P2(国内)、P2(国际)、P3(本地)、P3(国内); 2.结合原材料、在产品、产成品情况和预估生产线的生产能力,合理选择了4笔订单
生产和研发	1.按计划生产产品,按订单交货; 2.继续开发亚洲市场和国际市场(其他市场和认证研发成功)	1.根据订单和在产品的预估情况,企业应该能有条不紊的生产,按时按量交货; 2.继续开拓市场和研发ISO认证
财务	1.支付长期贷款利息7M,申请长期贷款32M; 2.收回应收账款19M,新增应收账款47M+21M+23M	1.未支付企业所得税,说明以前年度的亏损还未全部得到弥补; 2.在这一年的生产经营中没有出现现金不足的情况
采购	1.采购的原材料到库; 2.购买了R1、R2、R3这3种原材料	1.上一年度下的原材料订单,这一年度陆续到库,保证了企业的有序生产; 2.为后续生产提供足够的原材料,杜绝出现停工待料和计划外紧急采购原材料的现象

通过一起复盘分析甲、乙两企业6年的生产经营沙盘实战,我们可以得出以下结论:

1.甲企业:以利润最大化为目标,决策大胆,对市场分析透彻,对企业产能运用合理、对企业规模扩大的时间点把握准确。

2.乙企业:一直挣扎在"生死存亡"的边缘,贷款不敢多借贷,对生产线产能认识不到位。

3.甲、乙企业的对战方案一个操作极度大胆,一个又过于谨慎。在后面的实战练习中,希望大家可以多尝试不同的决策方案,找出更好的经营模式。

任务小结

复盘是围棋中的一种学习方法,指的是在下完一盘棋之后,再重新摆一遍,看看哪里下得好,哪里下得不好。对下得好和不好的,都要进行分析和推演。

将复盘概念引入沙盘学习,能帮助我们由盲目追求结果转变为享受比赛过程,从中更为感性地理解沙盘对相关管理理论的精炼,提高其数据分析并依据事实数据做出决策的能力。

我们按照"回顾—审思—复盘—探究—提升"的任务主线,用事实和数据使自己重新审视思考每一个步骤,将其与企业经营目标进行匹配,通过讨论来激发思想的碰撞,最后得到对该复盘案例的经营管理方面开放式的结论,获得企业经营管理中的规律性认识,启发对企业经营管理的进一步认知,从而提高理论联系实际的能力。

复盘分析沙盘,是在小林及其朋友分为两队对战实践后,通过分析甲、乙两个企业在每一年业务决策操作,及时总结失败的教训和成功的经验,从而提高未来实战成功可能性。

任务拓展

根据复盘分析的结果,如果还要继续第7年经营,预测一下甲、乙两公司会采用什么经营方式,做出什么经营决策。"风云诡谲"的沙盘实战战场又将呈现何种局面呢?

实训手册

第一年任务清单

企业经营流程 请按顺序执行下列各项操作	每执行完一项操作，请总经理在相应的方格内打√。 财务主管在方格中填写现金收支情况。			
年初现金盘点				
申请长期贷款				
季初现金盘点(请填余额)				
更新短期贷款/还本付息				
更新生产/完工入库				
生产线完工				
申请短期贷款				
更新原料库(购买到期的原料,更新在途原料)				
下原料订单				
购置厂房(选择厂房类型,选择购买或租赁)				
新建生产线(选择生产线类型及生产产品种类)				
在建生产线(生产线第二、三、四期的投资)				
生产线转产(选择转产产品种类)				
变卖生产线				
开始下一批生产(空置的生产线开始新一轮生产)				
更新应收款(输入从应收款一期更新到现金库的金额)				
按订单交货				
产品研发投资				
厂房处理				
支付行政管理费(每季度固定为1M)				
新市场开拓				
ISO资格认证投资				
支付设备维修费				
计提折旧				
违约扣款				
紧急采购(随时进行)				
出售库存(随时进行)				
应收款贴现(随时进行)				
贴息(随时进行)				
其他现金收支情况登记(根据需要填写)				
期末现金对账(请填余额)				

广告费用记录表

年度	市场类型	P1	P2	P3	P4	合计
第1年	本地					
	区域					
	国内					
	亚洲					
	国际					

订单登记表

市场									
产品									
数量									
交货期									
应收款账期									
销售额									
成本									
毛利									

产品核算统计表

产品	P1	P2	P3	P4	合计
数量					
销售额					
成本					
毛利					

综合管理费用明细表

单位:M

项目	金额	备注
管理费		
广告费		
维修费		
租金		
转产费		
市场准入开拓费		□本地　□区域　□国内　□亚洲　□国际
ISO资格认证费		□ISO9000　□ISO14000
产品研发费		P1(　) P2(　) P3(　) P4(　) P5(　)
损失		
合计		

利润表

单位:M

项目	本年数
一、销售收入	
减:直接成本	
二、毛利	
减:综合费用	
三、折旧前利润	
减:折旧费	
四、息前利润	
减:财务费用(利息+贴息)	
五、税前利润	
减:所得税费用	
六、净利润	

资产负债表

单位:M

资产	金额	负债和所有者权益	金额
流动资产:		负债:	
现金		长期负债	
应收款		短期负债	
在产品		应交税金	
产成品		—	—
原材料		—	—
流动资产合计		负债合计	
非流动资产:		所有者权益:	
土地和建筑		股东资本	
机器与设备		利润留存	
在建工程		年度净利	
非流动资产合计		所有者权益合计	
资产总计		负债和所有者权益总计	

第二年任务清单

企业经营流程 请按顺序执行下列各项操作	每执行完一项操作,请总经理在相应的方格内打√。 财务主管在方格中填写现金收支情况。			
年初现金盘点				
投放广告/参加订货会				
缴纳税金				
更新长期贷款/支付长期贷款利息				
申请长期贷款				
季初现金盘点(请填余额)				
更新短期贷款/还本付息				
更新生产/完工入库				
生产线完工				
申请短期贷款				
更新原料库(购买到期的原料,更新在途原料)				
下原料订单				
购置厂房(选择厂房类型,选择购买或租赁)				
新建生产线(选择生产线类型及生产产品种类)				
在建生产线(生产线第二、三、四期的投资)				
生产线转产(选择转产产品种类)				
变卖生产线				
开始下一批生产(空置的生产线开始新一轮生产)				
更新应收款(输入从应收款一期更新到现金库的金额)				
按订单交货				
产品研发投资				
厂房处理				
支付行政管理费(每季度固定为1M)				
新市场开拓				
ISO资格认证投资				
支付设备维修费				
计提折旧				
违约扣款				
紧急采购(随时进行)				
出售库存(随时进行)				
应收款贴现(随时进行)				
贴息(随时进行)				
期末现金对账(请填余额)				

广告费用记录表

单位:M

年度	市场类型	P1	P2	P3	P4	合计
第2年	本地					
	区域					
	国内					
	亚洲					
	国际					

订单登记表

市场									
产品									
数量									
交货期									
应收款账期									
销售额									
成本									
毛利									

产品核算统计表

产品	P1	P2	P3	P4	合计
数量					
销售额					
成本					
毛利					

综合管理费用明细表

单位:M

项目	金额	备注
管理费		
广告费		
维修费		
租金		
转产费		
市场准入开拓费		□本地　□区域　□国内　□亚洲　□国际
ISO资格认证费		□ISO9000　□1SO14000

续表

项目	金额	备注
产品研发费		P1( ) P2( ) P3( ) P4( )
损失		
合计		

利润表

单位：M

项目	本年数
一、销售收入	
减：直接成本	
二、毛利	
减：综合费用	
三、折旧前利润	
减：折旧费	
四、息前利润	
减：财务费用(利息+贴息)	
五、税前利润	
减：所得税费用	
六、净利润	

资产负债表

单位：M

资产	金额	负债和所有者权益	金额
流动资产：		负债：	
现金		长期负债	
应收款		短期负债	
在产品		应交税金	
产成品		—	—
原材料		—	—
流动资产合计		负债合计	
非流动资产：		所有者权益：	
土地和建筑		股东资本	
机器与设备		利润留存	
在建工程		年度净利	
非流动资产合计		所有者权益合计	
资产总计		负债和所有者权益总计	

第三年任务清单

企业经营流程 请按顺序执行下列各项操作	每执行完一项操作,请总经理请在相应的方格内打√。 财务主管在方格中填写现金收支情况。			
年初现金盘点				
投放广告/参加订货会				
缴纳税金				
更新长期贷款/支付长期贷款利息				
申请长期贷款				
季初现金盘点(请填余额)				
更新短期贷款/还本付息				
更新生产/完工入库				
生产线完工				
申请短期贷款				
更新原料库(购买到期的原料,更新在途原料)				
下原料订单				
购置厂房(选择厂房类型,选择购买或租赁)				
新建生产线(选择生产线类型及生产产品种类)				
在建生产线(生产线第二、三、四期的投资)				
生产线转产(选择转产产品种类)				
变卖生产线				
开始下一批生产(空置的生产线开始新一轮生产)				
更新应收款(输入从应收款一期更新到现金库的金额)				
按订单交货				
产品研发投资				
厂房处理				
支付行政管理费(每季度固定为1M)				
新市场开拓				
ISO 资格认证投资				
支付设备维修费				
计提折旧				
违约扣款				

续表

企业经营流程 请按顺序执行下列各项操作	每执行完一项操作,请总经理请在相应的方格内打√。 财务主管在方格中填写现金收支情况。						
紧急采购(随时进行)							
出售库存(随时进行)							
应收款贴现(随时进行)							
贴息(随时进行)							
期末现金对账(请填余额)							

广告费用记录表

单位:M

年度	市场类型	P1	P2	P3	P4	合计
第3年	本地					
	区域					
	国内					
	亚洲					
	国际					

订单登记表

市场										
产品										
数量										
交货期										
应收款账期										
销售额										
成本										
毛利										

产品核算统计表

产品	P1	P2	P3	P4	合计
数量					
销售额					
成本					
毛利					

综合管理费用明细表

单位:M

项目	金额	备注
管理费		
广告费		
维修费		
租金		
转产费		
市场准入开拓费		□本地　□区域　□国内　□亚洲　□国际
ISO资格认证费		□ISO9000　□1SO14000
产品研发费		P1(　)　P2(　)　P3(　)　P4(　)(　)　P5(　)
损失		
合计		

利润表

单位:M

项目	本年数
一、销售收入	
减:直接成本	
二、毛利	
减:综合费用	
三、折旧前利润	
减:折旧费	
四、息前利润	
减:财务费用(利息+贴息)	
五、税前利润	
减:所得税费用	
六、净利润	

资产负债表

资产	金额	负债和所有者权益	金额
流动资产：		负债：	
现金		长期负债	
应收款		短期负债	
在产品		应交税金	
产成品		—	—
原材料		—	—
流动资产合计		负债合计	
非流动资产：		所有者权益：	
土地和建筑		股东资本	
机器与设备		利润留存	
在建工程		年度净利	
非流动资产合计		所有者权益合计	
资产总计		负债和所有者权益总计	

第四年任务清单

企业经营流程 请按顺序执行下列各项操作	每执行完一项操作,请总经理请在相应的方格内打√。 财务主管在方格中填写现金收支情况。			
年初现金盘点				
投放广告/参加订货会				
缴纳税金				
更新长期贷款/支付长期贷款利息				
申请长期贷款				
季初现金盘点(请填余额)				
更新短期贷款/还本付息				
更新生产/完工入库				
生产线完工				
申请短期贷款				
更新原料库(购买到期的原料,更新在途原料)				
下原料订单				
购置厂房(选择厂房类型,选择购买或租赁)				
新建生产线(选择生产线类型及生产产品种类)				
在建生产线(生产线第二、三、四期的投资)				
生产线转产(选择转产产品种类)				
变卖生产线				
开始下一批生产(空置的生产线开始新一轮生产)				
更新应收款(输入从应收款一期更新到现金库的金额)				
按订单交货				
产品研发投资				
厂房处理				
支付行政管理费(每季度固定为1M)				
新市场开拓				
ISO资格认证投资				
支付设备维修费				
计提折旧				
违约扣款				
紧急采购(随时进行)				
出售库存(随时进行)				
应收款贴现(随时进行)				
贴息(随时进行)				
期末现金对账(请填余额)				

广告费用记录表

单位:M

年度	市场类型	P1	P2	P3	P4	合计
第4年	本地					
	区域					
	国内					
	亚洲					
	国际					

订单登记表

市场										
产品										
数量										
交货期										
应收款账期										
销售额										
成本										
毛利										

产品核算统计表

产品	P1	P2	P3	P4	合计
数量					
销售额					
成本					
毛利					

综合管理费用明细表

单位:M

项目	金额	备注
管理费		
广告费		
维修费		
租金		
转产费		
市场准入开拓费		□本地　□区域　□国内　□亚洲　□国际
ISO资格认证费		□ISO9000　□1SO14000
产品研发费		P1(　) P2(　) P3(　) P4(　)(　) P5(　)
损失		
合计		

利润表

单位:M

项目	本年数
一、销售收入	
减:直接成本	
二、毛利	
减:综合费用	
三、折旧前利润	
减:折旧费	
四、息前利润	
减:财务费用(利息+贴息)	
五、税前利润	
减:所得税费用	
六、净利润	

资产负债表

单位:M

资产	金额	负债和所有者权益	金额
流动资产:		负债:	
现金		长期负债	
应收款		短期负债	
在产品		应交税金	
产成品		—	—
原材料		—	—
流动资产合计		负债合计	
非流动资产:		所有者权益:	
土地和建筑		股东资本	
机器与设备		利润留存	
在建工程		年度净利	
非流动资产合计		所有者权益合计	
资产总计		负债和所有者权益总计	

第五年任务清单

企业经营流程 请按顺序执行下列各项操作	每执行完一项操作,请总经理在相应的方格内打√。 财务主管在方格中填写现金收支情况。			
年初现金盘点				
投放广告/参加订货会				
缴纳税金				
更新长期贷款/支付长期贷款利息				
申请长期贷款				
季初现金盘点(请填余额)				
更新短期贷款/还本付息				
更新生产/完工入库				
生产线完工				
申请短期贷款				
更新原料库(购买到期的原料,更新在途原料)				
下原料订单				
购置厂房(选择厂房类型,选择购买或租赁)				
新建生产线(选择生产线类型及生产产品种类)				
在建生产线(生产线第二、三、四期的投资)				
生产线转产(选择转产产品种类)				
变卖生产线				
开始下一批生产(空置的生产线开始新一轮生产)				
更新应收款(输入从应收款一期更新到现金库的金额)				
按订单交货				
产品研发投资				
厂房处理				
支付行政管理费(每季度固定为1M)				
新市场开拓				
ISO资格认证投资				
支付设备维修费				
计提折旧				

续表

企业经营流程 请按顺序执行下列各项操作	每执行完一项操作,请总经理在相应的方格内打√。 财务主管在方格中填写现金收支情况。			
违约扣款				
紧急采购(随时进行)				
出售库存(随时进行)				
应收款贴现(随时进行)				
贴息(随时进行)				
期末现金对账(请填余额)				

广告费用记录表

单位:M

年度	市场类型	P1	P2	P3	P4	合计
第5年	本地					
	区域					
	国内					
	亚洲					
	国际					

订单登记表

市场												
产品												
数量												
交货期												
应收款账期												
销售额												
成本												
毛利												

产品核算统计表

产品	P1	P2	P3	P4	合计
数量					
销售额					
成本					
毛利					

综合管理费用明细表

单位:M

项目	金额	备注
管理费		
广告费		
维修费		
租金		
转产费		
市场准入开拓费		□本地　□区域　□国内　□亚洲　□国际
ISO资格认证费		□ISO9000　□1SO14000
产品研发费		P1(　)　P2(　)　P3(　)　P4(　)
损失		
合计		

利润表

单位:M

项目	本年数
一、销售收入	
减:直接成本	
二、毛利	
减:综合费用	
三、折旧前利润	
减:折旧费	
四、息前利润	
减:财务费用(利息+贴息)	
五、税前利润	
减:所得税费用	
六、净利润	

资产负债表

单位:M

资产	金额	负债和所有者权益	金额
流动资产:		负债:	
现金		长期负债	
应收款		短期负债	
在产品		应交税金	
产成品		—	—
原材料		—	—
流动资产合计		负债合计	
非流动资产:		所有者权益:	
土地和建筑		股东资本	
机器与设备		利润留存	
在建工程		年度净利	
非流动资产合计		所有者权益合计	
资产总计		负债和所有者权益总计	

第六年任务清单

企业经营流程 请按顺序执行下列各项操作	每执行完一项操作,请总经理在相应的方格内打√。 财务主管在方格中填写现金收支情况。			
年初现金盘点				
投放广告/参加订货会				
缴纳税金				
更新长期贷款/支付长期贷款利息				
申请长期贷款				
季初现金盘点(请填余额)				
更新短期贷款/还本付息				
更新生产/完工入库				
生产线完工				
申请短期贷款				
更新原料库(购买到期的原料,更新在途原料)				
下原料订单				
购置厂房(选择厂房类型,选择购买或租赁)				
新建生产线(选择生产线类型及生产产品种类)				
在建生产线(生产线第二、三、四期的投资)				
生产线转产(选择转产产品种类)				
变卖生产线				
开始下一批生产(空置的生产线开始新一轮生产)				
更新应收款(输入从应收款一期更新到现金库的金额)				
按订单交货				
产品研发投资				
厂房处理				
支付行政管理费(每季度固定为1M)				
新市场开拓				
ISO资格认证投资				
支付设备维修费				
计提折旧				
违约扣款				

续表

企业经营流程 请按顺序执行下列各项操作	每执行完一项操作,请总经理在相应的方格内打√。 财务主管在方格中填写现金收支情况。			
紧急采购(随时进行)				
出售库存(随时进行)				
应收款贴现(随时进行)				
贴息(随时进行)				
期末现金对账(请填余额)				

广告费用记录表

单位:M

年度	市场类型	P1	P2	P3	P4	合计
第6年	本地					
	区域					
	国内					
	亚洲					
	国际					

订单登记表

市场									
产品									
数量									
交货期									
应收款账期									
销售额									
成本									
毛利									

产品核算统计表

产品	P1	P2	P3	P4	合计
数量					
销售额					
成本					
毛利					

综合管理费用明细表

单位:M

项目	金额	备注
管理费		
广告费		
维修费		
租金		
转产费		
市场准入开拓费		□本地　□区域　□国内　□亚洲　□国际
ISO资格认证费		□ISO9000　□1SO14000
产品研发费		P1(　)　P2(　)　P3(　)　P4(　)(　)　P5(　)
损失		
合计		

利润表

单位:M

项目	本年数
一、销售收入	
减:直接成本	
二、毛利	
减:综合费用	
三、折旧前利润	
减:折旧费	
四、息前利润	
减:财务费用(利息+贴息)	
五、税前利润	
减:所得税费用	
六、净利润	

资产负债表

单位：M

资产	金额	负债和所有者权益	金额
流动资产：		负债：	
现金		长期负债	
应收款		短期负债	
在产品		应交税金	
产成品		—	—
原材料		—	—
流动资产合计		负债合计	
非流动资产：		所有者权益：	
土地和建筑		股东资本	
机器与设备		利润留存	
在建工程		年度净利	
非流动资产合计		所有者权益合计	
资产总计		负债和所有者权益总计	

生产计划及采购计划编制表（1~3年）

生产线		第1年				第2年				第3年			
		一季度	二季度	三季度	四季度	一季度	二季度	三季度	四季度	一季度	二季度	三季度	四季度
1	产品												
	材料												
2	产品												
	材料												
3	产品												
	材料												
4	产品												
	材料												
5	产品												
	材料												
6	产品												
	材料												
7	产品												
	材料												
8	产品												
	材料												
合计	产品												
	材料												

生产计划及采购计划编制表（4~6年）

生产线		第4年				第5年				第6年			
		一季度	二季度	三季度	四季度	一季度	二季度	三季度	四季度	一季度	二季度	三季度	四季度
1	产品												
	材料												
2	产品												
	材料												
3	产品												
	材料												
4	产品												
	材料												
5	产品												
	材料												
6	产品												
	材料												
7	产品												
	材料												
8	产品												
	材料												
合计	产品												
	材料												